一刻钟自我进化！

认知迭代版

成功

现在，发现并建立你的优势！

个人潜能管理大师　［美］吉姆·兰德尔（Jim Randel）著　舒建广 译

THE SKINNY ON
SUCCESS:
Why Not You?

湖南文艺出版社
HUNAN LITERATURE AND ART PUBLISHING HOUSE　博集天卷
CS-BOOKY

THE SKINNY ON SUCCESS: WHY NOT YOU?
Copyright © 2010 BY JIM RANDEL
Author: JIM RANDEL
This edition arranged with RAND PUBLISHING LLC
through BIG APPLE AGENCY, LABUAN, MALAYSIA.
Simplified Chinese edition copyright:
2021 China South Booky Culture Media Co.,Ltd
All rights reserved.

著作权合同登记号：图字 18-2020-151

图书在版编目（CIP）数据

　　成功 /（美）吉姆·兰德尔（Jim Randel）著；舒建广译 . -- 长沙：湖南文艺出版社，2021.7
　　书名原文：THE SKINNY ON SUCCESS: WHY NOT YOU?
　　ISBN 978-7-5404-8742-3

　　Ⅰ . ①成… Ⅱ . ①吉… ②舒… Ⅲ . ①成功心理—通俗读物 Ⅳ . ① B848.4-49

中国版本图书馆 CIP 数据核字（2021）第 058857 号

上架建议：成功 / 励志·成功法则

CHENGGONG
成功

作　　　者：［美］吉姆·兰德尔
译　　　者：舒建广
出 版 人：曾赛丰
责任编辑：刘雪琳
监　　制：于向勇
策划编辑：布　狄
文案编辑：王成成
版权支持：刘子一
营销编辑：王　凤　段海洋
版式设计：潘雪琴
封面设计：利　锐
出　　版：湖南文艺出版社
　　　　　（长沙市雨花区东二环一段 508 号　邮编：410014）
网　　址：www.hnwy.net
印　　刷：三河市中晟雅豪印务有限公司
经　　销：新华书店
开　　本：875mm×1230mm　1/32
字　　数：157 千字
印　　张：7
版　　次：2021 年 7 月第 1 版
印　　次：2021 年 7 月第 1 次印刷
书　　号：ISBN 978-7-5404-8742-3
定　　价：48.00 元

若有质量问题，请致电质量监督电话：010-59096394
团购电话：010-59320018

致中国读者

感谢您阅读"简单有趣的个人管理"书系，我的核心目标是用轻松有趣的方式来帮助您提升个人管理技能。

或许，您会对这套书的出版经历感兴趣。大概 10 年前，这套书在美国出版，随即被引进中国，与中国读者见面了。令人难以置信的是，2018 年，这套书中的两本登上了美国本版图书中文引进版畅销排行榜，并持续在这个榜单上保持着前 10 名的好成绩。

截至今日，"简单有趣的个人管理"书系已在中国销售了近百万册，我们也因此得以在印度尼西亚、马来西亚、泰国、韩国和越南等国陆续出版这套书。

我创作这套书是为了更好地尊重每位读者的时间与精力。我们每天都能获取海量的信息，因此应该有人对其进行筛选与整理，供更多的人学习与使用。

虽然这套书采用的是极简的绘画设计风格，但内容却经过了长时间的打磨。在写作每本书时，我都做了大量的功课，希望能以轻松有趣的方式为您提供您所需的知识。

最后，献上我最诚挚的祝福。

吉姆·兰德尔

2021 年 5 月

关于本丛书

欢迎您阅读本丛书。本丛书用一系列图画、对话和文本来传递信息，既简洁明了，又赏心悦目。

在我们这个惜时如金而又信息如潮的时代，大多数人挤不出时间去进行阅读。因此，我们对重要问题的理解往往浮光掠影——不像长年累月专注于此类研究的思想家和教师那样见解独到、入木三分。

这套丛书旨在解决这一问题。为了把这套丛书呈现给你，我们的作者和编辑团队做了大量工作。我们阅读了手头可以找到的与主题有关的一切材料，同时与专家做了深入交谈。然后，结合自己的经验，提炼出这一系列丛书，期望你读后能有所受益。

我们的目标就是让你阅读。故此力求聚集要点、提取精华，集教育意义和阅读乐趣于一书。

本书设计简约，但我们对待其中的信息却极其严肃认真。请不要把形式和内容混为一谈。你阅读本书投入的时间，必将会换来无数倍的报偿。

出版者的话

有些人可能会问：你们为什么在书中通过一个像棍棒一样的人的故事来演绎成功这么重要的一个课题？

我们这样做，一方面是考虑它的娱乐价值。我们希望尽可能多的人——包括不同年龄、不同教育层次和文化背景的人——都参与进来。而事实是，如今没有多少人喜欢阅读一本 200 多页、单倍行距、小字体的书了。

另一方面，如今关于成功的书籍已经多得让人不堪重负。我们对文字内容进行了综合，你只需要一两个小时就能读完这本书，而你读完后的感觉是如此美妙，这正是它的意义所在。

最后，我们要把"如何成功"书籍中多余的成分统统剥离。我们对数千名成功人士进行了研究，发现有一点是一致的。

99%的成功案例是关于这样一类人的：

(1) 确定他欲为之奋斗的目标和方向；

(2) 付诸行动去努力追求；

(3) 遇到不可避免的挫折时不言放弃。

这三个步骤描述了一个过程，尽管对每个人来说，具体过程不尽相同，但成功总是归结为激情、行动和坚持。

我们希望通过一种易于接受的方式把信息传递给你，促使你反思自己的目标和理想，协助你找到通往成功的道路，并探讨应该采取哪些措施使你一步步接近自己的理想。

导 言

韦伯斯特词典把"成功"定义为"财富、喜悦或荣耀的获得"。

当然，对每个人来说，成功的含义不尽相同。但对大多数人来说，成功是金钱、名誉或权力的获取，这是不言而喻的。这本书正是对此类有形的成功进行了探讨。对于物质与精神的成功哪个更重要（抑或它们是否互相排斥），我们不采取任何立场。

我们相信，世界上99%的成功归于那些鼓足勇气、不惜一切去追求梦想的人。我们不相信成功在某种程度上只属于那些最聪明的、最有才华的、最漂亮的抑或最幸运的人。我们认为，实现目标和愿望的可能性源自你心灵的某种信念，是它引领你去不懈地追求。

这本书的目的在于帮助你发掘自己的潜力。我们不会用类似"但凡所欲，皆有可能"这样的陈词滥调去蛊惑你。事实上，有一些制约因素是无法掌控的。我们每个人可以做的，就是最大限度地提高我们成功的可能性。换言之，我们可以采取措施，尽可能地改善我们的境遇。在本书中，我们将着重探讨这些措施，相信你实现自己愿望的概率将会因此而大大增加。

我们认为，每个人都有巨大的上升潜力。根据观察，大多数人把目标定得太低，而不是太高。在我们看来，有太多的人低估了自己的潜力和能够攀登的高度。希望这本书会为这些人所拥有和阅读，从而激励他们走得更远，登得更高。

"知晓了，那么世界将为你存在。自然景观因你而变得瑰丽无比。只有你自己可以认清自己。亚当所拥有的一切，凯撒所做的一切，你也能拥有，你也能做到……因此，建立起你自己的世界吧。"

——拉尔夫·沃尔多·爱默生（Ralph Waldo Emerson），《论自然》（*Nature*）

你好！我是吉姆·兰德尔（Jim Randel）。

1

我们来认识一下比利（Billy）和贝丝（Beth）。
他们在大学相遇。他们毕业三年了。他们在认真地约会。

比利毕业时找不到工作，他便开始在他父亲开办的
会计师事务所上班。他正在努力学习，想成为一名注册
会计师，但他为自己设想的未来并非如此。

贝丝一直对公共服务兴趣浓厚。她在一家律师事务
所做律师助理。她希望有一天可以步入政坛。

3

一天晚上

"贝丝,我想有件事
我从来没有跟你说过。"

"真的?什么事?"

"我小时候常常梦想自
己会成为一名喜剧演员。"

"一名喜剧演员?!"

"是的，一名脱口秀喜剧演员。我现在有时还在想这件事呢！"

"你在开玩笑吧？"

"当然不是，为什么这么说呢？难道你不觉得我很会逗人笑吗？"

"毫无疑问，你是我认识的最有意思的会计师。"

"你这是
什么意思？"

"好了，比利！我只是说着
玩而已。但是做纳税申报表和逗
人们发笑之间，没有什么联系啊。"

"也许是吧，贝丝。但我确
实想写一些东西，到喜剧俱乐部
即兴表演之夜去表演。"

"比利，你是
认真的吗？"

"哇！太棒了。那我来给你提供第一个笑话吧。休（Sue）昨天给我讲了一个关于会计师的笑话。"

"是的，我是认真的。"

"好，我讲了。一位女士去看医生。医生说：'你情况很不好，只能活3个月了。'女士说：'还有什么办法吗？'医生说：'你可以嫁给一个会计师。'女士说：'那会让我活得更长些吗？'**医生说：'不会，但会让时间过得很慢。'**"

"好极了……我就爱嘲笑自个儿。"

比利正处于人生重要的十字路口。大学毕业后，他选择了一条轻松省力的道路，但他并不真的想成为一名注册会计师，他明白他需要改变。

那该死的钟肯定是坏掉了。

比利明白，要想获得他想要的成功，就必须找到一种可以让他忘我追求的东西……一种可以让他激情澎湃的东西。

比利必须尽可能谨慎地确定他的热情所在……一种他喜欢从事的活动。

不是每一个人都能够实现自己的每一个梦想。但如果你在做自己喜欢的事，就无所谓失败，因为它已经为你的人生带来了快乐。

对于你喜欢做什么和你想达到什么样的人生目标认识得越清楚越好。认识得清楚，则目标明确；目标明确，则有利于获得成功。

比利去图书馆查找有关如何确定激情的书籍来阅读。

这是他找到的其中最有帮助的 3 本：

《心流》（*Flow: The Psychology of Optimal Experience*），
米哈里·契克森米哈赖（Mihaly Csikszentmihalyi）著

《找到自己的北极星——回归人生正道》（*Finding Your Own
North Star: Claiming the Life You Were Meant to Live*），
玛莎·贝克（Martha Beck）著

《让天赋自由——如何用激情改变你的世界》（*The Element:
How Finding Your Passion Changes Everything*），肯·罗宾
逊（Ken Robinson）、卢·阿罗尼卡（Lou Aronica）著

下面是比利从这些书中得到的启示：

1

在一定程度上，确定自己的热情所在就是留意一些迹象。

你在做什么时会发生以下情况？

a）大白天搞不清时间，

b）听不到狗叫或鸣笛声，

c）尽管忙于应对艰难的挑战，仍感觉悠闲自在，

e）感到精力充沛，

f）忘记吃饭，

g）感觉身体健康，

h）能很容易地长时间集中注意力。

就像马库斯·白金汉（Marcus Buckingham）在畅销书《现在，发现你的优势》（*Now, Discover Your Strengths*）中所言：

"向后退一步，观察一下你自己。"

2 确定你的热情所在是第一步，接下来是围绕你喜欢做的事创造一番事业。

大部分人需要赚钱。一些人想赚很多钱。当然，将你对事业的热情和赚钱的欲望结合在一起并不总是一件容易的事。

所以你必须经常做出选择。例如，如果你热爱教书，那你可能永远不会拥有一架李尔喷气飞机。

然而，只要你兢兢业业、全力以赴地追求你喜欢做的事情，财富就可能接踵而至。也许不会是架李尔喷气飞机，但足以使你衣食无忧、生活富足……还有其他东西。

"那些只为金钱而工作的人很可能既得不到金钱，也找不到他们喜欢的工作。"

——佚名

3 从一项不适合你的工作或活动转换到一项适合你的工作或活动，很可能意味着进步。

比利不能辞职，因为他需要养活自己。大多数人和比利的情况很相似。

不过，我们可以采取措施把自己投入一种环境。在这里，人们都在做自己想要的事情。比如和志趣相投的人一起加入协会和俱乐部，参加义务劳动。在这种情形下，你的"实习生身份"可能会转变为正式职业；少睡点儿觉，把你心中的小说写出来。

不久以前，我们团队得到一本好书——拉塞尔·西蒙斯（Russell Simmons）的《做你自己》（*Do You！*），书中描述了关于工作转换的例子。

西蒙斯讲述了他从一个在街头谋生的小混混直到成为腰缠万贯的企业家的经历（他的第一家企业是一家唱片公司Def Jam）。

西蒙斯急切地想要进入音乐界，但就是不知道该如何去做，于是他主动提出为一个音乐活动组织者无偿分发传单。

"我不认为分发传单是个低级的差事。我为自己的谦卑感到高兴……我受到了音乐的激励，无论以什么方式，我都想尽可能地和音乐在一起。"

西蒙斯还讲述了凯文·莱尔斯（目前为华纳音乐的执行副总裁）的故事。那天，莱尔斯在 Def Jam 唱片公司门前晃了一圈，很快就成了那里一名不拿报酬的实习生。

"他比公司里任何人都努力，脸上总是挂着微笑，而且从来不提钱的事。一次也没有提过。"

莱尔斯终于使自己成了公司不可或缺的人物，他的实习生身份也一下变成了一份工作。短短几年时间，他就成了 Def Jam 唱片公司的总裁。

26

确定你的激情所在，并围绕它建立一份事业，这无疑是一种人生挑战。这件事情该如何去做，没有一定之规，问题的关键在于不断地尝试。

27

"你的任务就是去发现你的工作，然后全身心地投入。"

——佛陀

28

比利的阅读促使他对自己喜欢做的事情进行了反思。他想起小时候他就喜欢为朋友们表演——玩魔术、讲笑话。他想，这对于他成年后应该做什么也可能是一个征兆。

"如果杰·雷诺（Jay Leno）像他爱开玩笑那样地用功学习，他的成绩也会很好。"

——杰·雷诺五年级成绩报告单

对许多人来说，儿童时期的爱好可能是一个征兆。通过重新体验孩提时那些给我们带来快乐的活动，我们可以洞察自己的激情所在。

有些年轻人很幸运，他们在很小的时候就知道自己一生到底想要做什么了。下面我给你举两个例子：

几个月前，我跟哥伦比亚广播公司体育频道的首席现场解说员及艾美奖得主吉姆·南茨（Jim Nantz）进行了交谈。我和吉姆认识很久了，他是一个非常和蔼可亲的人。

"吉姆，你是什么时候，又是怎么知道你想做体育现场评论员的？"

"哦，这个，说出来你可能会觉得不可思议，是在我大约8岁的时候。事实上，我不仅知道我想要成为一名现场解说员，而且还知道我要去哥伦比亚广播公司体育频道工作。"

"8岁！哇！难道你的父母在体育界或广播公司工作？"

"不，这和家庭没有任何关系。应该说，我是通过观看电视体育比赛才知道现场解说员是做什么的，而同时我也知道了这就是我终其一生要做的事。"

天哪！8岁！

多年来，吉姆一直在朝着他的梦想努力——千方百计地将它变为现实。

当他终于被哥伦比亚广播公司体育频道录取，去为大学足球比赛做解说，他坐在纽约市哥伦比亚广播公司转播室里……嗯，他讲故事的本事可比我强多了……

"当我终于坐在纽约市转播室的办公桌前时，不知你是否相信，我觉得我已经来过这里成千上万次了。在对这种经历憧憬了多年以后，一种难以言表的惬意感立刻涌上了心头。"

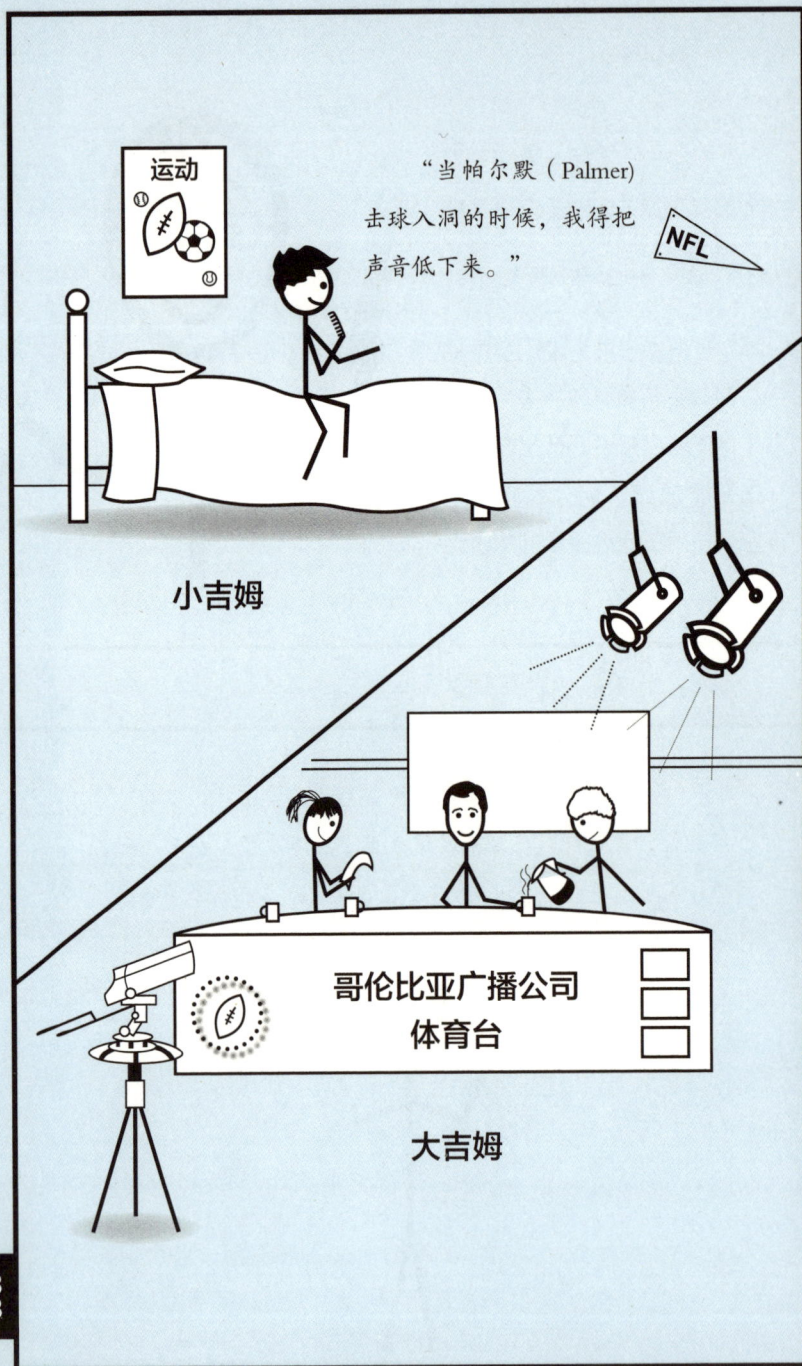

运动

"当帕尔默（Palmer）击球入洞的时候，我得把声音低下来。"

NFL

小吉姆

哥伦比亚广播公司体育台

大吉姆

我喜欢吉姆·南茨的故事。作为一个 8 岁的儿童，他已经梦想去哥伦比亚广播公司体育频道工作了，而且他从未放弃过他的梦想。我一直认为他的经历可能是万里挑一，直到几周后采访美国国家广播公司新闻节目主持人布赖恩·威廉姆（Brian Williams）。

39

布赖恩·威廉斯

"布赖恩，你是怎么成为一名新闻节目主持人的？"

"嗯，这听起来可能有点滑稽。在我七八岁时，我就知道我想成为一名新闻播音员了。"

天哪!

"七八岁……你
在和我开玩笑吧?"

"是真的……不知怎
么的,我那时就知道了。
也许是因为我母亲总是在
她和我父亲看完新闻后才
给我做饭的缘故吧!当我
坐在那儿,肚子饿得咕咕
叫的时候,我得出了一个
结论:新闻播音员这份工
作简直太棒了!"

顺便要提一下，像吉姆·南茨一样，布赖恩·威廉斯也是通过发愤图强才获得成功的……很多年来他辛勤工作。当他还是堪萨斯州的一名年轻的广播员时，他甚至因为不能收支平衡而破产。他在华盛顿特区一家电视台从事一份底层职位工作的时候，终于有了出头之日。电视台经理赏识他，并给了他一个实况转播的机会。

　　吉姆·南茨和布赖恩·威廉斯真是太幸运了……他们都清楚这一点。能够在 8 岁这样的年龄就确定自己的人生目标真是非同寻常，而我们大多数人仍在努力，通过抓取一点一滴的信息来确定自己的未来。

　　我的一个朋友用的是洞穴类推法。他说：寻找你的激情和天资交汇点就像走过一个几乎一片漆黑的洞穴，偶尔会闪过几束耀眼的光柱。我们朝着光柱走去，但多数光柱都消失在狭小的缝隙中，因此我们转向其他方向。最后我们会找到一束光柱，它变得越来越明亮，指引我们走向阳光，并最终照亮我们前进的征途。

44

"你捡拾起珍宝和垃圾、痛苦与快乐、激情和失望，然后把它们扔进袋子，扔进你装满经验的大袋子。你做过一些毫无效果的蠢事。你偶然会兴奋地发现一些从未见过的微小宝石。你把它们全部装进袋子。你追求你喜欢的和信赖的东西。你丢弃了那些不适合自己的形象。当你突然向身后看去，一幅图案浮现了出来。

　　"在漫无目的地随波逐流的时候，没有什么比找到你所认可的前程更加美妙的事情了。难道你不知道你的征程一直在那里？它一直在那里等你，等待你来敲门……就像一幅画面等你按下快门。"

——2006 年 6 月乔迪·福斯特（Jodie Foster)
在毕业典礼上的演讲

小孩子率直天真，童心未泯。他们不必为赚钱操心劳神。他们一般不在意别人怎么想。他们找到感觉最快乐的地方，就幻想着停留在那里。

有时成年人认为童年时代的野心是不切实际的。然而，就像吉姆·南茨和布赖恩·威廉斯那样，只要这些孩子持之以恒、坚持到底，就可以取得巨大的成功。

保罗·麦卡特尼（Paul McCartney）——曾被拒绝参加青年合唱团，曾因成绩差而备受冷落，但小保罗仍继续坚持演奏他的音乐。

马特·格罗宁（Matt Groening）——曾因花太多时间画漫画而招致大人不满，但小马特仍继续坚持画画，直到有一天他创作出了《辛普森一家》（*The Simpsons*）。

芭芭拉·史翠珊（Barbra Streisand）——十几岁的芭芭拉告诉妈妈，她想成为一名女演员和歌手，妈妈却让她去做秘书。而小芭芭拉却并不理会（让我们为所有的芭芭拉迷祈祷吧）。

"哦，是这样……我只是听说你是一个很有趣的人，是我猜的。"

"呃，认识你很高兴……不过现在你为什么不离我远点儿呢？"

"求您了，给我一分钟……我只是想让你知道，在喜剧界混日子有多么艰难。"

"你为什么要告诉我这些呢？"

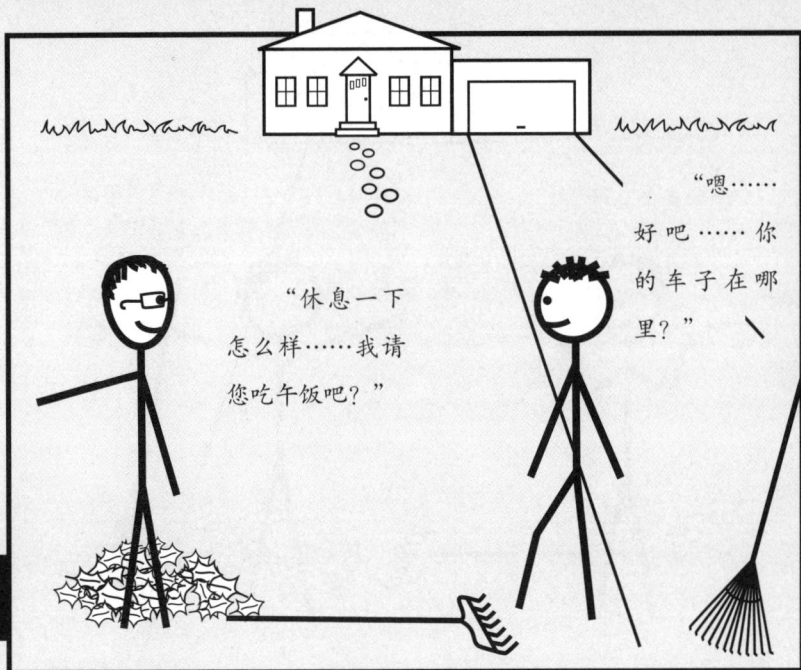

"看我多么有喜剧天分啊……我是故意那样做的。"

63

在你看来，我是在劝阻比利去喜剧界开创一番事业吗？

64

让我解释一下我想做什么。

比利认为他有让人们发笑的本领，也许他真的有。但是，这是远远不够的。我希望他明白成千上万的人都有类似的本领。从他目前的状况开始，一直到他能够靠喜剧表演为生，这条道路漫长而艰难。

很多人放弃梦想的原因在于他们**低估**了通往成功的道路是多么曲折和漫长。我努力让比利为他的征途做好准备——通过让他知道前面将会有多少艰难曲折和坑坑洼洼。目的是加强他的意志力，以便应对随时可能出现的挑战。

预期逆境

通过对逆境的预期，你做好了思想准备。当逆境出现的时候，你就不会惊慌。

相反，你要告诉自己："啊，我不知道逆境会怎样或在什么时候出现，但我知道，它迟早会来的。好啊，逆境，来吧！"

当然了，如果逆境不出现，那就更好。

像很多人一样，比利想要**快速成功**。他觉得很多人都是一夜成名，他为什么不能呢？

比利的问题在于他没有做充分的研究，因为事实的真相是一夜成功的例子凤毛麟角。事实上，如果揭开蒙在这些速成者脸上的面纱，你会发现他们都是经过一个漫长的过程，通过日积月累，才逐渐取得巨大成功的。

难道真的有人认为，当某个苹果击中某个人的头时，某人才第一次想到万有引力的存在吗？

67

以下文字摘录自《纽约时报》（*New York Times*）科普专栏作家珍妮特·雷-杜普雷（Janet Rae-Dupree）的一篇很棒的文章。她对取得突破性进展的过程进行了研究——新思想或新发现一夜之间发生时的情况。

不错！的确需要多年的辛勤努力

"创新是一个缓慢吸收和积累的过程，是通过可靠的程序将无数细小的见解建立在感兴趣的事实上面。正如在一块不友好的沙砾上面，牡蛎裹上一层又一层的珠粉并最终产生珍珠一样，创新是长时间辛勤劳动的结果……主显节[①]的神话有一些年头了，因为它还在让人们相信事件发生的原因通常十分简单。在喜欢钻研、工作勤奋的人身上，这样的故事是不可能发生的，为了解决一个既定的难题，他们一次次地尝试，又一次次地失败。"

[①]公历 1 月 6 日为主显节。"主显"指耶稣曾三次向世人显示其神性。

在你开始迈开双腿朝着梦想进发之前——不管是否可能——你应该去了解一下其他人的情况。这些人已经在你想要追求的领域做出了成就。在大多数情况下，你将会了解到，那是一个艰难而漫长的攀登。

　　这样，你就对前进道路上的困难做好了思想准备，当不可避免的暴风骤雨迎面而来，狠抽你的面庞的时候，你才不至于灰心丧气、半途而废。

　　在通往成功的道路上，那些敢于直面困难的人在逆境来临时是决不退缩的。

6
9

斯科特·派克（Scott Peck）博士写的《少有人走的路》（*The Road Less Traveled*）是我最喜爱的书籍之一，里面也强调了这一点。

该书前两段是这样写的：

"生活是艰难的。

"这是一个伟大的真理，是最伟大的真理之一。说它伟大是因为，一旦我们真正认识了这个真理，我们就可以超越它。如果我们懂得生活是艰难的——当我们了解和接受了这一点——那么，生活便不再艰难了。因为接受了这一点，生活艰难这个问题就不成其为问题了。"

派克博士说得好极了！不管你的雄心壮志有多么高远，要想快速或轻而易举地实现它都是不可能的。因此，你必须做好准备，去迎接前进道路上的挑战。这样，你征途上的困难就不会有想象的那么大了……**而且，更重要的是，在跌倒的时候，你就不会像平时那样灰心丧气、自暴自弃了。**

比利和吉姆
去吃午餐

"哇，这车好漂亮啊……我不知道你写什么书，但你一定写得很棒。"

"我写简单有趣的个人管理丛书。"

"我不知道那是什么。你一定薪水不菲吧？也许我应该写一本关于喜剧的书。"

"比利，别逼我说靠写作谋生是一件多么艰难的事。"

"好了，吉姆。别把一切都看得那么艰难，好吗？"

"怎么说呢，比利，让我给你简单地分析一下三位当代著名作家吧。"

"他们都是经过多年的奋斗才获得成功的。"

斯蒂芬·金（Stephen King）：曾收到一大摞退稿信，以至于他不得不将其房间的挂钩（用来挂这些退稿信）换成大号的，以便挂他日益增多的退稿信……顺便说一句，金的《写作这回事》（*On Writing*）是写给有抱负的作家的了不起的著作。

J.K. 罗琳（J. K. Rowling）：光辉著作"哈利·波特"系列丛书的创作者罗琳女士，多年来，在照顾孩子和靠领取救济金生活的同时，利用她所能找到的片刻安宁的时间和空间进行写作，但没有一个出版商对她的稿子感兴趣。最后一个小出版商给了她机会。据说这位出版商告诉她："不要辞掉白天的工作！"（注：罗琳女士白天没有工作。）

约翰·格里森姆（John Grisham）：他的侦破惊险小说已经售出了 2.5 亿册。作为一名执业律师，不论何时，只要有 30 分钟的空闲时间，他就会钻进法律图书馆进行写作。格里森姆花了数年时间才为他的处女作**《杀戮时刻》**（*A Time to Kill*）找到出版商。

75

尽管我跟比利谈论的，是他要以喜剧表演为生的愿望，但他的故事对每一个想达成人生目标的人来说，都无疑是一个借鉴。我认识很多成功人士，其中没有一个人是不曾付出代价就轻易获得成功的。

就比利而言，我面临的特别挑战在于他低估了从现状出发到实现理想这段路途的艰辛。他总是以为，既然他有让人发笑的资质，就定能迅速和轻而易举地获得成功。

"比利，我认为你让人发笑的本领不同凡响。但是，即便如此，如果想要把喜剧表演作为谋生手段，仍是征途漫漫啊。"

"好了，好了……我同意。但别人能做到的事，为什么我就不能呢？天赋才是关键，而我知道我有这个天赋。"

"比利，你想知道我对天赋的看法吗？"

"看来即使我说'不'你也一定会告诉我的。"

这家伙是个疯子……也许我应该搭计程车回家了。

"光有天赋……是远远不够的！！"

"比利……天赋总是被高估了。即使最聪明的喜剧演员也得经过很多年的努力才能获得成功……可否问一下：你最喜欢的喜剧演员是谁？你最喜爱的电视节目或电影是什么？"

80

"嗯……我喜欢《神勇三蛟龙》（*iThree Amigos！*）……你知道这部电影吗？"

81

《神勇三蛟龙》

史蒂夫·马丁　　切维·切斯　　马丁·肖特
（Steve Martin）（Chevy Chase）（Martin Short）

"我也喜欢那部电影。事实上，史蒂夫·马丁是我最喜欢的喜剧演员。你想听听他的成功故事吗？"

"那当然，为什么不呢？"

"马丁在他十几岁的时候就开始上台表演了——他在迪士尼乐园的一个魔法商店上班。在那儿，他常常玩点儿把戏，逗顾客发笑。他毕业后搞儿童派对，然后在 20 岁的时候，他试图使自己成为一名脱口秀喜剧演员。"

"你想猜猜他花了多长时间才取得了成功吗？"

"两年吗？"

"好好猜猜……我说 10 年怎么样……而且有好几次他差点儿放弃。"

"你在开玩笑吧？"

8 岁意味着什么呢? 马丁·肖特……吉姆·南茨……布赖恩·威廉斯……也许就是在这个年纪的时候,他们开始关注世界,并思考该如何使自己去适应它吧。

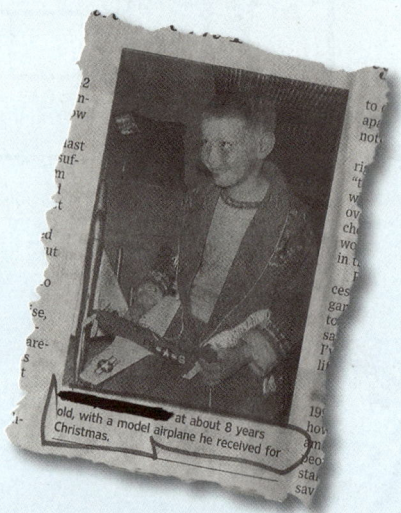

出于好玩,你想猜一下这位 8 岁儿童是谁吗?
给你一个提示:他似乎对他的第一个玩具飞机很满意,而且最近他还利用他的航空技能救了很多人的生命。

你是否猜到他就是美国航空公司机长切斯利·"萨利"·萨伦伯格（Chesley "Sully" Sullenberger）呢？2009 年 1 月 15 日，他导引自己的飞机在哈德逊河安全着陆，挽救了 155 条生命。

"成年人总是在问孩子他们长大以后想要做什么，因为他们在打探孩子们的主意。"

——葆拉·庞德斯通（Paula Poundstone）

"最后一位是切维·切斯……我真的很喜欢切维。我见过他……曾去过他家。他也是奋斗了很多年才闯入喜剧界的。为了养活自己，他做过各种他能找到的零工……如计程车司机、摩托车信使，还有野营顾问。"

"你把他们的经历讲得太艰难了……一定还有一些人不用奋斗就获得了成功吧。"

比利不明白，99%的成功无非是勤奋工作加上某种特定心态带来的结果。

应该持有怎样的心态?

1. 成功人士明白，好事来之不易。正如美国革命家托马斯·潘恩（Thomas Paine）在他那备受欢迎的《**常识**》（*Common Sense*）中所说：

"**太容易到手的东西，我们往往不知道珍惜。只有珍爱可以赋予一切事物以价值。老天才知道什么物品究竟价值几何。**"

以下是同一件事的另一种说法：

"**如果容易做的话，那么每个人都会去做。**"

2. 成功人士没有权力欲望，也从不期望好运从天而降。他们只希望在奋斗的道路上一步一个脚印地向前走。

3. 成功人士关注他们的努力所带来的价值。比利似乎觉得全世界的人都在等着看他的喜剧表演。而成功人士意识到他们必须竭尽全力去给他们的粉丝、客户、雇主、股东或投资者创造价值。

"嗯，我又想到一个人，他的确是个天才……他就是我最喜欢的喜剧演员克里斯·洛克（Chris Rock）。"

94

"嘿，我也喜欢克里斯·洛克。非常有趣的家伙，即兴式表演。"

"是啊，真的很有趣，而且思维是那么敏捷……即席演出，诙谐幽默，张口即来，这才是天赋。"

95

以下摘自一篇报道，是关于克里斯·洛克在表演之前如何做准备的：

数月来，洛克一直在进行排练，以便为他在俱乐部的表演做准备……他一点一点地制作笑料，为了每次一分钟的表演，他已经创作了两个小时的演出素材，并从中挑选出令人捧腹的内容……他在新泽西街道工厂进行了 18 场预演，老板说："他一遍又一遍地来这儿做试验，不断地进行删减和补充，一直到最后演出。那时，你会对他最后呈现出来的东西大吃一惊。"

——大卫·卡尔，2007 年 12 月《纽约时报》

100

"比利，我要给你讲一个非常重要的观点：看上去似乎是自然的、不费力气的才艺极有可能是数小时辛勤劳动和反复排练的结果。我再给你讲一下另外两个伟大表演家的故事……以及我从他们那里学到的东西吧。"

"你听说过佩恩和泰勒吗？"

"他们是魔术师？"

"是的，是魔术师……嗯，我一直对魔术感兴趣。当佩恩和泰勒刚刚出道的时候，我去纽约一家小剧院看他们表演。他们不仅魔法惊人，而且佩恩·吉列特（Penn Jillette）还是一位杰出的喜剧天才……他一次又一次地上台做即兴表演，一连表演了很多次。走出剧院，我对妻子说，佩恩的即兴表演能力真太了不起了。"

"看见没有，你说的正印证了我的观点……有些人就是有天赋。"

"别这么快下结论，比利。大约两周后，我又回去看表演，但我很吃惊地发现，佩恩在这次演出中所做的**即兴表演和上次的如出一辙**……换句话说，整个表演就是上次表演的翻版和再现。"

我们又回到老话题上去了，"光有天赋，是远远不够的"。

103

104

"我丝毫没有要贬低佩恩的意思，比利。他是一个伟大的魔术师和喜剧演员……然而他在舞台上的每一句台词都是经过精心准备和记忆的。所以，我得出结论：所谓即兴表演天赋其实是精心准备和排练的结果。"

"可以问个问题吗？"

"既然你认识那么多人，可以想办法让我参加《今夜秀》（Tonight Show）节目的试镜吗？"

"当然可以。"

107

“现在我得走了，
比利。”
他是怎么回事?

108

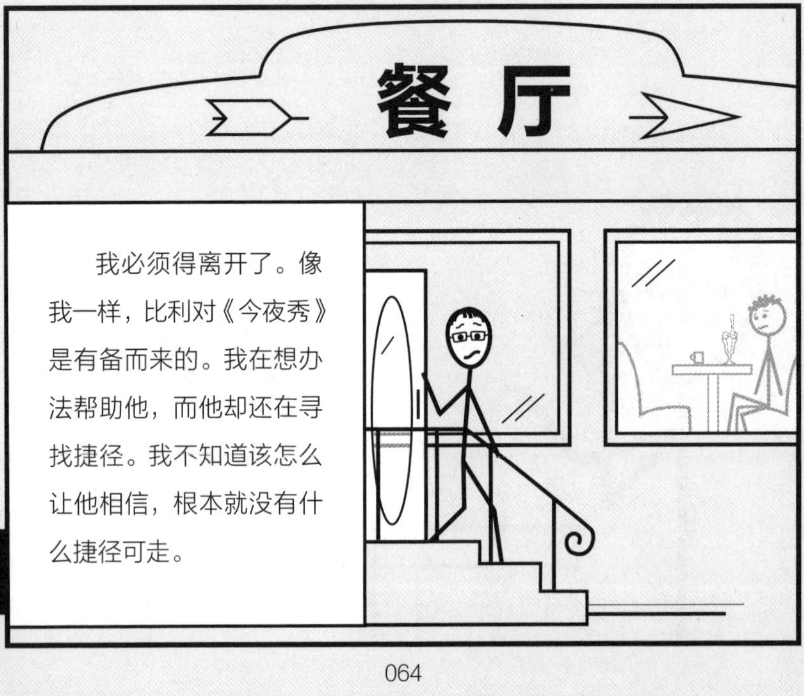
餐 厅
我必须得离开了。像我一样，比利对《今夜秀》是有备而来的。我在想办法帮助他，而他却还在寻找捷径。我不知道该怎么让他相信，根本就没有什么捷径可走。

比利一直认为他在喜剧表演方面具有某种天赋，也许果真如此，但要取得重大成就光有资质可不够。事实上，我认为在导致成功的先决条件中，资质只能被排在第四位或第五位，前四位依次是决心、勇气、坚持和耐心。

成功人士明白，单单具备资质永远不可能让你成就什么。成功人士都是兢兢业业、埋头苦干的人。即使认为自己具备某个方面的资质或才能，值得特别为之一搏，他们也不会只是躺在资质上，让它背着自己走向终点线。他们懂得成功之道是目标明确、发愤努力和持之以恒。

看来现在该跟你谈谈最近出版的三本书了。三本都写得很好，内容丰富，可读性强：

马尔科姆·格拉德威尔（Malcolm Gladwell）的《**异类：不一样的成功启示录**》（*Outliers: The Story of Success*）

杰夫·科尔文（Geoff Colvin）的《**天分源自刻意练习**》（*Talent Is Overrated*）

丹尼尔·科伊尔（Daniel Coyle）的《**天才密码：天才出于勤奋**》（*The Talent Code: Greatness Isn't Born. It's Grown*）

餐厅

109

这三本著作在分析天赋对一个人的成功所起的作用方面有着惊人的相似之处。这些书无一例外地得出了这样的结论：

看起来所谓天才几乎都是多年辛勤努力的结果。看起来毫不费力的优雅行为和卓越表现，都是多年训练、重复和忍受痛苦的结果。

让我简要地跟你谈一下每一本书的内容。

在《异类》中，作者马尔科姆·格拉德威尔认为，成功和天生的能力之间关系不大，而更为关键的因素是环境、勤奋工作，甚至好的时机。

格拉德威尔引用了一位名叫 K. 安德斯·埃里克森（K. Anders Ericsson）的心理学家在一家培养年轻精英音乐家的学校所做的调查。

"他和他的同事们找不到任何一名不像同龄人那样努力，仅仅用很少的时间进行练习，就毫不费力地成为佼佼者的'天生的'音乐家。同样，他们也找不到任何一位比其他人付出了更多的汗水，但就是不能进入最优秀者行列的'苦干者'……使一名优秀演员脱颖而出的是他的努力程度，这便是全部。而且处于顶尖的人才不仅要比其他所有的人都加倍地努力，事实上他们必须兢兢业业，全力以赴。"

我是埃里克森教授的超级粉丝。两年前，在阅读他的研究成果时，我拨通了他的电话。

"教授，您好！我叫吉姆·兰德尔。我正在写一本以成功为主题的书，不知道您愿不愿意谈一下您的观点。"

"当然了，吉姆。我很愿意。"

"谢谢。请问您觉得纯粹天然的、遗传的才能对于一个人的最终成功起什么作用？"

"吉姆，我们的研究表明，一个人所掌握的某一特殊技能——它会带来在某个特定领域所取得的成功——与遗传关系甚微，但和日复一日、年复一年的练习、重复和不断进步的愿望关系重大。事实上，我们认为，如果不经过至少 10000 个小时的练习，就没有人能真正掌握一门技能。"

10000 个小时！天哪！！

然而，你要记住，若想成长为世界级的优秀人才，那埃里克森教授所说的只不过是一个基数而已。

当然，很少有人想要达到那样的高度。大多数人只是想尽力做得最好而已。

我们从埃里克森教授的研究里"取得"的真经是：大多数伟大的成功者，优秀者中之最优者，他们达到事业巅峰靠的不是天赋，而是因为他们经过了无数个小时的实践和准备，最终使自己进入一种自如、优雅和卓越的境界。

在《**异类**》中，格拉德威尔对体育运动进行了研究，在这一领域，许多人认为天赋是成功的关键。

格拉德威尔想弄清楚，到底是什么因素导致一个人在一项具体的体能运动中，如在曲棍球比赛中获得成功的。因此他来到了一个产生了很多巨星的国度：加拿大。

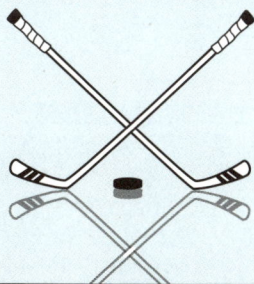

格拉德威尔进行了刨根问底式的研究，你永远猜不到他发现了什么。

格拉德威尔发现，在加拿大曲棍球项目中，成功往往与运动员的出生时间有关，而与出生时的生理素质关系不大！！

他的研究使人们发现了一个惊人的现象：

加拿大曲棍球运动员的成功似乎与他们出生的月份有着直接的联系。

这到底是为什么呢？？？

格拉德威尔对加拿大顶级曲棍球运动员做了一个分析。他们都是高中或大学全明星队成员或参加国家曲棍球联赛的年轻人。

他发现，那些最成功的运动员**大多生于出生年份的前三个月。**

事实上，一月出生的明星运动员最多。其次是哪个月份呢？对，是二月。然后呢……很好，你猜对了，三月。

我永远也学不会溜冰，现在我才知道这是因为我出生在五月。

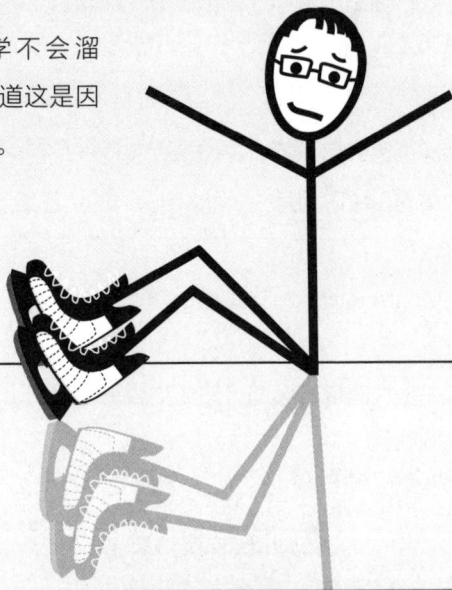

格拉德威尔得知，加拿大青年曲棍球运动的训练分组和运动员的出生年月密切关联，以便所有同年出生的青少年在一起进行训练。

　　格拉德威尔意识到，对青少年来说——从 6 岁开始吧——年龄上相差几个月，在个头和力气上就会有很大的差别。发生在加拿大的情况是，男孩在 6 岁时越高大越强壮，就越受青睐，就会得到更多的指导和更多的上场时间。结果是，更高大、更强壮的 6 岁男孩——仅仅因为他们在该年的早些时候出生——便成了最好的曲棍球球员，因为他们得到的关注更多……而不是遗传基因给他们带来了运气。

　　注意：如果某个本该出生在 12 月 31 日的孩子有点固执，偏偏生在 1 月 1 日而不是 12 月 31 日，他就可以和 12 个月以后出生的孩子们进行竞争了。他就有可能比其他人更高大，更强壮，从而得到更多的关注和指导……也许就成了曲棍球巨星。

120

只是出于好玩，
我对我最喜欢的曲棍球运动员……
加拿大的韦恩·格雷茨基（Wayne Gretzky）
进行了搜索。

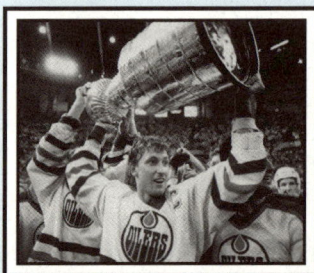

其出生日期为：1961 年 1 月 26 日。

格拉德威尔想在世界其他地方对他的理论进行验证，于是他研究了欧洲足球队的情况。像加拿大青年曲棍球运动一样，这里的青少年运动项目也是按照运动员的出生年月来组织的。

格拉德威尔得到了一份参加世界杯决赛（青少年）的 2007 年捷克斯洛伐克国家青年队队员的花名册作为样本。

这支球队共有 21 名球技精湛的运动员。猜猜看有几个人出生在其**出生年的头三个月？**

A）10（47%）

B）12（57%）

C）14（67%）

D）16（77%）

是的，D 是正确的！有 77%，或者说 21 个队员中有 16 人出生在其出生年的头三个月！！

"心理学家们越是仔细观察那些看起来才华横溢的人的职业生涯，就越是发现与生俱来的天赋在其中所起的作用微乎其微……"

——马尔科姆·格拉德威尔，《异类》

在杰夫·科尔文所著的《**天分源自刻意练习**》这本生动翔实的书中，他得出的结论与马尔科姆·格拉德威尔的十分相似：在某个特定的领域所取得的成功通常是多年努力和实践的结果……而不是由一些独特的天赋或资质带来的。

"研究的结果并不支持如下观点，即非凡的天生的能力——区别于后天培养的能力——对于取得伟大成就是必不可少的……（对于成就的调查结果）断然否定了'没有天赋就不会成功'的观点。它阐明了在巨大的成就里面，天才的观念没有任何用武之地。"

科尔文认为就连聪明才智——与生俱来的智力，也只是取得成功的辅助条件而已。

"在一系列不同的领域中，包括商业领域，一般智力和具体能力之间的关系非常微弱，甚至在某些情况下不存在任何关系。"

沃伦·巴菲特（Warren Buffett）最近谈到了同一件事情：

"如果你的智商为 150 分，祝贺你。不过，我建议你卖掉其中的 30 分左右，因为你不需要那么聪明。"

对于卓越业绩的取得，科尔文提出了另一个观点。

假定掌握某种特定技能并获得成功的关键是不断实践和重复，科尔文又问："这是些什么样的实践……**任何形式的实践都可以吗？**"

回答是响亮的：不可以。随意的实践不可能产生卓越的业绩。卓越来自"有意识的实践"——是对自己薄弱环节进行分析和识别的过程——并着重在这方面下功夫。

换句话说，为了取得真正杰出的成就，你应该在对你有挑战的天赋之外的领域下功夫。

正如教练约翰·伍登（John Wooden)（著名的篮球主教练）所言：

"训练造就不了完美……完美的训练才能造就完美。"

伍登教练和杰夫·科尔文的观点不谋而合：要想出类拔萃，你就必须在你的薄弱环节上多下功夫。

杰夫·科尔文在他的书中叙述了波尔加令人称奇的家庭故事，这尤其使我思绪万千。

拉斯洛·波尔加（Laszlo Polgar）是 20 世纪 60 年代居住在匈牙利的一名心理学家，他认为才能不是天生的。他决定用一个很不寻常的实验来证明它。

拉斯洛决定组建一个家庭。他将是父亲，而他会登广告招聘一名妻子。他们会有自己的孩子，他要把孩子培养成某个领域的佼佼者，且他和他的妻子在这个领域都不具备任何天分。

匈牙利人爱下国际象棋，而且匈牙利拥有许多国际象棋大师，这些人凭借他们在国际象棋方面的超凡能力达到了该项运动的巅峰。

人们普遍认为，所有这些大师都拥有非凡的智力与极快的思维速度，一种独特的超前思维能力。另外还具有面对压力长时间集中精力的能力。

拉斯洛找到了一位妻子。

一个名叫克拉拉（Klara）的教师对拉斯洛的征婚广告做了回应，并对他的实验条件表示同意：他们会有孩子，而且因为拉斯洛和克拉拉都不精于国际象棋，所以他们想选择国际象棋这项运动作为实验领域，并把他们的孩子培养成这个领域的佼佼者。

事情变得越来越有趣了，克拉拉竟然生了三个女孩。我的意思是说，人人都知道，在成为国际象棋大师这一点上，女性并没有优势可言。

拉斯洛和克拉拉在家里对这三个女儿进行教育，包括进行国际象棋强化训练。很快，女孩们都开始进入比赛。

他们的第一个女儿成了有史以来第一个女性国际象棋大师。

他们的第三个女儿成了有史以来最年轻的国际象棋大师——包括男性和女性在内——甚至比美国男性神童博比·费希尔（Bobby Fischer）还年轻。

他们的第二个女儿在下棋方面的成就比她的姐姐和妹妹略有不及，但也相当了得。

> **"没有理由相信拉斯洛或克拉拉把任何天生的国际象棋能力遗传给了他们的女儿们；拉斯洛只是一名平庸的棋手，而克拉拉根本不会下国际象棋。波尔加的家庭故事充分验证了以下观点：有意识地进行训练，尤其当训练达到很高水平的时候，就可以创造出非凡的业绩。"**
>
> ——《天分源自刻意练习》

133

我被波尔加小女孩们的故事迷住了。拉斯洛和克拉拉想证明自己的观点，他们做到了。

在阅读这个故事的时候，有一点让我感到困惑，那就是如果拉斯洛和克拉拉当初决定将他们的女儿们培养成优秀运动员的话将会发生什么呢？不知道这些女孩能否脱颖而出。例如，在田径方面——能否成功似乎与跑和跳的天赋有着密切的联系。

为此，我拨通了我的一位多年好友德怀特·斯通斯（Dwight Stones）的电话，他是美国最伟大的跳高运动员之一。

德怀特是四届奥运会选手和十次世界纪录保持者。他看上去又高又瘦。

"德怀特，我正在写一本关于成功的书……我觉得作为一名跳高运动员，你的成功一定和某种独特的生理特征有密切关系吧。"

"得了吧，吉姆，我不想毁了你的书，但是我不同意你的观点。"

"是的，我长得高，这只是让我进入了这个行当……但是，顺便说一句，你知道吗，2004 年雅典奥运会的跳高金牌得主只有 1.81 米。从我的运动天赋来看，在许多方面我不适合跳高。我跑得不是特别快。而且因为相对于我的身高来说，我的脚太小了，不能像其他跳高运动员那样获得足够的向上起跳的力量。"

"但是……"

"吉姆，如果必须为我的成功找一个原因的话，那就是我特别努力地进行技巧训练……通常一连数小时地分析成功的一跳需要什么准确的动作，然后没白没黑地练习这些动作。"

"然而……"

"对不起，吉姆，我得去跑步了。代我向卡罗尔问个好。"

德怀特确实说过，他的身高"让他进入了这个行当"。当然，还有一些运动是需要特殊的身体条件的。篮球，就是其中之一。个子不高的人，打篮球的确难以成功。

又来了，似乎总是有例外。

在 1987 年第一轮 NBA 选秀中，**马格西·博格斯**（Muggsy Bogues）是第 12 个被选中的球员，而他的身高只有 1.60 米。他已在 NBA 服役 14 年！！

嗯，也许有关篮球球员身高的事情并不总是适用，但我认为沙克（Shaq）是不会成为一名赛马骑师的。

你在跟我开玩笑吧？应该我骑他才对！

跳高运动员德怀特·斯通斯对我的问题没有什么帮助。

假设当初拉斯洛和克拉拉下定决心尽最大努力把他们的三个女儿培养成田径运动员的话……她们能否成为世界冠军呢？

人们究竟是怎么跳过去的呢？

这是我对自己问题的回答：我认为有些人对某些活动具有一种遗传禀性。拉斯洛和克拉拉不是棋手，并不意味着他们的女儿就没有学习国际象棋的天分。（注意：拉斯洛是一个心理学家，而克拉拉是一名学校老师。）

尽管如此，有一点我确信不疑：不经过大量辛勤的努力训练，缺乏决心和愿望，没有坚强的意志和韧性，仅凭某种天生的品质，想要取得卓越成就，并最终取得成功是不可能的。

波尔加的实验使我想到了老虎伍兹（Tiger Woods）。老虎出生时，父亲厄尔（Earl）已经从军队退役。家里三个已经长大的孩子是他与前妻所生，妻子是一名足不出户的家庭主妇。厄尔和他的妻子决定优先培养老虎。

厄尔年轻时从未打过高尔夫球，但他成年后对这项运动很是着迷。当老虎伍兹十个月大的时候，厄尔便在车库里支起高脚椅让伍兹坐在里面，看他把高尔夫球击入一个网中。

老虎坐在那里，全神贯注地看着。

老虎两岁的时候，厄尔定期带老虎去高尔夫球场，并在那里一起打球！

老虎甚至有点名人的样子了。

两岁的老虎已在国家电视台上展示自己的技能。

而今天，老虎或许已成为有史以来世界上最伟大的高尔夫球手了。

有意思的是，在关于老虎的故事中，他和他的父亲谁都没有提到过老虎刚一生下来就有高尔夫球运动的天赋。

在试图解释他对这个运动的早期兴趣时，老虎也没有引用诸如某种自然吸引力之类的东西。更有甚者，他写道："对我来说，打高尔夫球的动机是明显的，那就是我试图模仿我最尊敬的人——我的父亲。"

当人们要求老虎解释其不可思议的成功时，这对父子总是给出同样的回答：

努力训练……非常非常努力地训练。

我想知道，如果厄尔·伍兹当初决定让老虎学下国际象棋而不是打高尔夫球，那将会发生什么？

老虎还会被高尔夫球吸引过去吗？

老虎伍兹今天会是个国际象棋大师吗？

"嘘，在我下棋的时候，请不要给我支着儿。"

我还有其他问题：

是不是任何人，只要有足够坚定的决心，不管朝哪个方向努力，都能够获得巨大的成功呢？

我认为答案只能是"否"。并不是每个对打高尔夫球有兴趣的年轻人都能获得总冠军称号，并不是每一个勤奋练习的年轻歌手都会赢得"美国偶像"奖，并不是每一个雄心勃勃的表演系学生都会获得奥斯卡奖。

但是（这是一个非常重要的"但是"），如果没有为你选定的目标付出全部努力，你就永远不会知道你能走多远。

"（积极思维者是否相信）任何人，只要获得适当的激励或者教育，都可以成为爱因斯坦或贝多芬吗？不可以。但是他们认为，一个人真正的潜力是未知的（也是不可知的）；想要预见经过多年的激情投入、辛勤劳作以及学习和培训后，到底能够做出什么样的成就是不可能的，除非你真的这样去做了。"

—— 卡罗尔·德韦克（Carol Dweck）
《终身成长：重新定义成功的思维模式》
（*Mindset: The New Psychology of Success*）

152

以上引文的作者卡罗尔·德韦克博士是斯坦福大学心理学教授。

她的观点是伟大的成就与一个人应对困境和挑战时所持的态度的类型有关。一个人，如果具备德韦克博士所称的"成长性心态"，那么，他就会认为可以通过努力，把基本素质（才能）和教养学到手。

"尽管人们在各个方面有所区别……但每个人都能通过应用和实践使自己成长和发生变化。"

我特别喜欢以下这段引文：

"尽管有些人只经过很少的训练或根本不必训练就能做某些事，但这并不意味着别人在训练以后不能做（有时可能会做得更好）。"

153

让我们总结一下到目前为止，我们从格拉德威尔、科尔文和德韦克那里所学到的知识：

每个人所能做出的成就是无止境的。如果我们真的希望做点什么，我们就该尝试去做，不管我们是否具备天赋才能、聪明才智或生理特质。

"同我们应当做到的比起来，我们只是半醒着，我们只使用了身心资源的一小部分。说得宽泛一点，人类个体远远没有达到其潜能的极限。我们身上都有大量我们从未想到过的能力和天资有待开发。"

——美国著名心理学家
威廉·詹姆斯（Willam James）博士

最后但同样重要的是，丹尼尔·科伊尔关于成功的伟大著作《天才密码》为探寻如何追求卓越……并由卓越走向成功，提供了更多的深入分析。

156

科伊尔解释了为什么精通的先决条件是大量的练习。

科伊尔为我们讲了有关髓磷脂的知识。这是一种包裹在神经纤维周围的微小物质，作用是提高神经纤维的效能。

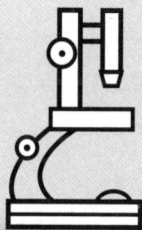

让我们花一点时间来讨论一下人类的身体吧。

157

当你决定做某个动作时，你把信号从大脑发送给肌肉。这个信号是通过神经纤维传递的。你的神经纤维工作得越好，你想做的具体动作的准确度就越高。

神经纤维通过发送和接收电子信号来表明你想要做的行动，目的是使电子信号传播得尽量迅速有效，从而使你**准确无误**地做出想要做的动作。

要使神经纤维发挥最佳效果，最好是让它们被髓磷脂包围，因为髓磷脂能够提高神经细胞的传导性，也就是它们传递和接收电子信号的能力。

那么，你该如何让大量的髓磷脂包裹在神经纤维周围呢？

嗯，这可是最精彩的部分：**尽可能多地使用你的神经纤维。**

神经纤维发送电子信号时就会产生髓磷脂。所以，神经纤维用得越多，产生的髓磷脂就会越多，而神经纤维发送和接收电子信号的效率就会越高。

因此，反复练习是为了使用你的神经纤维，从而产生髓磷脂，以便随着髓磷脂的增多，改善神经纤维的传导性……从而使你无论做什么，都变得得心应手、游刃有余！！

"因此，技巧不过是包裹在神经纤维周围的髓磷脂所制造的产品而已。"

——《天才密码》

你可能听人们谈起过肌肉记忆。

肌肉记忆，或称具体动作的信息保留，就是关于髓磷脂的。某个动作你做得越多，就会有越多的髓磷脂聚集在做这个动作所需用到的神经纤维周围，而你的这个动作也就做得越好。

或者，如果你喜欢的话，你的肌肉就会记住如何来完成你所要完成的具体行动。

在如下棋之类的非体能运动项目中，髓磷脂的产生对技能的发展来说，也是一个因素吗？

在某种程度上，大脑的功能对科学家而言仍然是个秘密，所以我不敢肯定。

但是，我们知道，人们越进行脑力活动（记忆力测试、填字游戏、下棋和头脑风暴），就会做得越好。

因此，分析来分析去，任何训练，尤其是对薄弱环节的训练，都会让你所做的一切得以改善。同样道理，如果不进行训练，你的熟练程度就会下降。

"一天不练，自己知道。两天不练，妻子知道。三天不练，观众知道。"

——钢琴演奏家
弗拉基米尔·霍洛维茨（Vladimir Horowitz）

读了《天才密码》，我对髓磷脂的创造极限感到惊讶。

多年来，我一直是个悠闲的慢跑者。最近，我一直想去跑一场马拉松。我的目标是跑出一个还不错的成绩。我会尽力去跑，但一个跑不快的人不可能只凭愿望就能跑得快……等一下，或许可以呢？

一天，当作者丹尼尔·科伊尔看到自己的四个孩子绕着他家后院相互追逐的时候，他也为同样的事情感到困惑不解了。

科伊尔有四个孩子，最小的是他的女儿佐伊（Zoe）。有一天他坐在外面，他注意到佐伊能够很容易地超过她的哥哥姐姐们。佐伊不过是个跑得特别快的孩子而已，却让科伊尔陷入了沉思。

"跑步速度的快慢一定与某种天生的能力有关。"他想。对于佐伊奔跑速度快的原因，不能简单地解释为恰巧她跑得多，因而她的神经纤维周围聚集了更多的髓磷脂。这可能吗？

然后，科伊尔又想，为什么佐伊想要跑得比她的哥哥姐姐们多呢？嗯，作为家里的老小，她总是试图赶上她的哥哥姐姐们，也许有时她是在设法远远地甩开他们。

如果事情的确如此，那么，一个家庭中出生最晚的孩子就会成为跑得最快的人，因为他有最大的动机要赶上（或甩开）那些年龄更大、更强壮的哥哥姐姐。

表面上看，这个观点无疑是荒谬的。情况真会是这样吗？？

166

科伊尔怀疑佐伊的快跑能力会不会只是他们家族的一个异常现象。

因此，他决定对那些拥有真正快跑者——世界纪录保持者的家庭做一番调查。

科伊尔得到一份有关最近 10 名男子 100 米短跑世界纪录保持者的清单。然后他又得到了有关这些世界纪录保持者的兄弟姐妹及其出生顺序的信息。

他的发现简直令人难以置信！！

这些世界纪录保持者的家庭平均拥有 4.6 个孩子。

这些世界纪录保持者的平均出生顺序为第 4.0 位。

换句话说，这些世界纪录保持者几乎都是家中最小的孩子！！

"（我们的研究结果）令人惊讶，因为速度看起来像是一种天赋。它让人觉得是种天赋。然而，这一结果却表明，速度不单纯是一种天赋，而是通过全神贯注的练习而增长的一种技巧……这种练习是被最原始的暗示所激发的。"

——《天才密码》

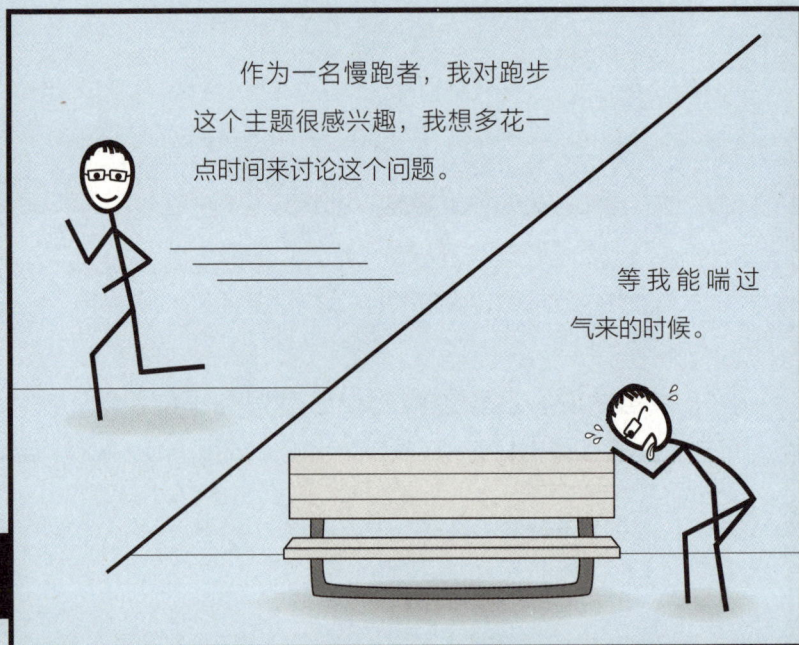

作为一名慢跑者，我对跑步这个主题很感兴趣，我想多花一点时间来讨论这个问题。

等我能喘过气来的时候。

我想给你讲一下关于三个世界级赛跑选手的事情，因为他们每个人都通过某种方式表明了这样一个观点，即一个运动员的成功不仅归功于他的身体素质，更归功于他的思想意识。展开讲，任何成功——不论是哪种类型的成功——更多地取决于一个人的精神力量，即你的意志，而不是你的天赋和才智。

首先，我要讲一下格伦·坎宁安（Glenn Cunningham）。

1917 年，8 岁的格伦·坎宁安（两个男孩中最小的）在一场大火中被严重烧伤。医生告诉其父母，格伦永远不能再走路了。而且为了防止被感染，建议他截肢。

年幼的格伦就是不肯合作。他拒绝截肢，医生妥协了。

两年后，格伦开始走路了，当然走得很不稳，但是他毕竟可以起身离开轮椅了。

15 年后的 1934 年，格伦·坎宁安打破了一英里（约 1.6093 公里）赛跑的世界纪录。

20 年后，罗杰·班尼斯特（Roger Bannister）把不可能变成了可能，他再次打破了一英里赛跑的世界纪录。

1954 年，田径专家们达成了一项共识：**没有人会在 4 分钟内跑完 1 英里。**

这是个简单的生理学问题。如果有人跑得那么快的话，他的心肺能力根本无法承受如此大的压力。事实上，一些医生坚持认为，任何打破了 4 分钟壁垒的人都可能随即死亡，因为他的肺很可能会爆炸。

直到 1954 年 5 月，罗杰·班尼斯特（两个孩子中最小的）用 3 分 59.4 秒跑完了 1 英里。

接下来的事情很有趣。约一个月之后，另一个运动员打破了班尼斯特保持的纪录，用了 3 分 57.9 秒跑完了 1 英里。几年以后，4 分钟壁垒就变成了一个笑谈，因为来自世界各地的许多选手都在 4 分钟内跑完了 1 英里。

是不是所有这些在 4 分钟内跑完 1 英里的运动员突然之间获得了新的生理技能——一种让他们从极限成绩中再减去几秒的能力？或者恰好相反，正是因为 4 分钟的**心理障碍**从脑海里消失，大脑才重新获得了生机——机能得以改善，所以出现了这样的结果呢？

顺便提一下，目前的一英里赛跑世界纪录为 3 分 43.13 秒！！

罗杰·班尼斯特

最后，我想告诉你一个可能是最令人吃惊的运动员的故事。

威尔玛·鲁道夫（Wilma Rudolph）出生于 1940 年，是个早产儿。出生时只有 2.04 公斤。（顺便一提，她是家里 22 个孩子中的第 20 个！）

还是个婴儿的时候，她感染了小儿麻痹症。在她生命的头 12 年里，她扭曲的双腿上一直绑着支架。她是一个多病的孩子，患过猩红热及百日咳。

她的医生说，离开拐杖，她将永远不能行走。但她妈妈说，她会的。威尔玛相信了她母亲的话。

1960 年，威尔玛·鲁道夫在罗马奥运会上获得 3 枚金牌，其中包括 100 米短跑的金牌。

以下是鲁道夫女士的话，对我们来说应该是一个鼓舞，更何况我们所面临的挑战同年轻的威尔玛的根本不可同日而语：

"永远不要低估梦想和人类精神影响的力量。有一点我们是相同的：伟大的潜能就藏在我们每个人的内心深处。"

175

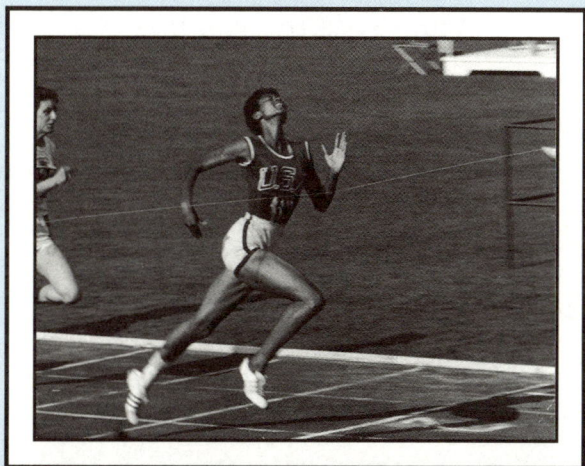

威尔玛·鲁道夫

我们可以从这些故事中学到什么呢？

我们应该了解到思想的力量是无比强大的。无论你追求什么，如果你有成功的愿望，有不甘失败的坚定决心，有面对困难永不言弃的钢铁意志——那么，就没有什么是做不到的。

"有些人认为他们能……还有些人认为他们不能……两者都是对的。"

——佚名

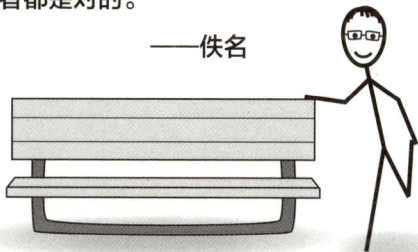

坚强的意志是你最好的朋友

我所认识的所有成功人士都具有坚强的意志，我不是说他们智力超群。有些人很聪明，而有一些则智力平平。但是他们都有这样一种能力，那就是懂得充分运用自己的心智。

在我们的另一本书《毅力》里，我谈到了心智的训练。我把其中一些主要观点总结如下：

1

萦绕在脑际的思想，千头万绪，来去无踪。它们是你生活中经历过的种种事件和刺激的产物。这些思想中，有的可能有助于你的成功，有的则恰恰相反。

2

好在你可以自由选择你想要的思想。正如埃克哈特·托利（Eckhart Tolle）在《当下的力量》（*The Power of Now*）中所言，你并不是你的思想，而是你思想的观察者。如果你意识到这一点，"思想便丧失了掌控你的力量……因为你不再通过对思想的认同来激励它。这是无意识思维和强迫性思维走向终结的开始"。

3

拿破仑·希尔（《思考致富》）建议你把自己的思想视为"物

体"——具体有形的物体，可以按照你认为合适的方式将其放入或逐出你的意识。这样一来，你就保留了那些有助于你成功的思想，而那些对你成功不利的思想则被摒弃。

4

我们所有的作为（和不作为）都受到我们思想的控制。我们常常会成为那些不切实际的和破坏性恐惧的受害者。通过提高你对那些控制你决策的思想与焦虑情绪的自我认识，你就更有可能做出更加合理的选择。

5

成功人士试图成为自己思想的主人：（1）他们不会让非理性的焦虑控制他们的作为（或不作为）；（2）他们不允许自我或权利意识妨碍其最大努力；（3）他们不会让一次失败的阴影长期滞留在心头，而是很快就让它们变成"昨日云烟"；（4）他们从不骄傲自满；（5）他们做事雷厉风行，从不拖沓；（6）他们不会让批评和悲情萦绕在心中；（7）无论发生什么事，他们都不会垂头丧气；（8）他们从不沮丧——他们明白，攀上成功的阶梯有时会感到孤独，但他们有信心继续奋斗；（9）他们会发展自己的核心技能，即能够用清晰的、主导性的思想武装头脑，从而排除其他一切杂念；（10）他们会培养自己的坚韧毅力，以便在各种严酷的挑战面前坚持不懈。

以下是本书中最重要的观点之一：

坚韧不拔是一种习得的技能。

　　本书的每一名读者都可以培养其思想的力量，提高其在所选择领域成功的可能性。你是可以学会控制你的思想的。

　　如果你有兴趣学习更多有关思想控制的知识，请阅读本书末尾的参考书目。

思想的力量

正如你所知，在过去的 50 年里，有关自我提升的最成功的书籍之一是斯蒂芬·柯维（Stephen Covey）的《**高效能人士的七个习惯**》（*The Seven Habits of Highly Successful People*）。

在这本书中，柯维谈到了精神的力量，即他所描述的"反应——能力"，也就是对你身边发生的任何事情，选择该做出何种反应的能力。

"高度积极主动的人……从不把自己的行为归咎于环境或条件的制约。他们的行为是他们有意识的选择所产生的结果……实践（这种）主动精神的人和那些不实践的人之间的差别，就如同日夜一样黑白分明。我是说，在效果上的差异不是 25%~50%，而是超过 5000%！"

让我们来看看贝丝在忙些什么。

183

"是的，我是贝丝……你想要我去竞选镇议员？哇，谢谢你。但是我真的不知道该不该参加。我不太擅长公共演说，而且我……是的，当然，我会考虑一下的。"

184

"我知道。但是你才 25 岁，你的竞选对手会说你太天真，没有经验。"

"他可能会这样说。说老实话，这些都让我胆战心惊，但是我不会望而却步。"

让我们为贝丝鼓掌！听起来她好像就要宣布参加竞选了！

许多人只把梦想放在他们的纸面上——通常是由于恐惧。害怕失败……害怕丢人现眼，害怕不可预知的结局。

嘿，生活中没有绝对有把握的事。一旦你开始向着梦想进发，你就会感到局促不安，你就有可能被打倒在地，你就会遭遇挫折。

但是，如果你永不尝试，那么，我敢百分之百地保证，你永远不会梦想成真。

恐惧＋无所作为＝遗憾

在美国心理学协会发表的一篇题为《遗憾体验：事件、时间和原因？》的文章中，作者对他们的一项研究进行了总结。这项研究问人们：如果让他们的生命重新来过，他们的活法将会有何不同。

结果是：后悔无所作为的受访者是后悔有所作为的受访者的 4 倍。换句话说，5 个人中就有 4 个人，不是因他们做了什么而感到后悔……**而是为他们的碌碌无为感到后悔！**

"请告诉我，在你激情奔放、活力四射而又弥足珍贵的生命里，你都计划做些什么？"

——普利策诗歌奖得主
玛丽·奥利弗（Mary Oliver），
《夏日》（*The Summer Day*）

贝丝有点儿挣扎。她一向对政治感兴趣，但她现在又对可能会成为现实的东西感到紧张。也许我可以帮帮她。

"我打算去竞选镇议员，我是不是疯了？我真想知道，有没有过一张选票都没拿到的候选人？"

"咚咚咚，我可以进来吗？"

"我不想去丢人现眼。除了比利的和我的，我可能一张选票都拿不到。"

"你还没有算上我的呢……你已经有三张了。"

"谢谢你……但你明白我的意思。"

"我当然明白。这是枪打出头鸟，把自己放在那儿，让人们来评判……批评或者嘲笑你。那可能是件可怕的事。"

"我知道……我甚至还没有宣布参选，就已经睡不好觉了。"

"嗯，通常来说，正是深思熟虑产生了焦虑情绪。一旦你迈出了第一步，压力往往就会变得小一些了。"

"我希望你是对的。我知道成功的机会很小。我只要不失败得很惨就行了。"

"贝丝，我想把真正重要的一点讲给你听……即使你真的失败了，哪怕败得很惨，你也是一个赢家，因为你已朝着你的梦想前进了一步。成功的关键是，要把失败当作通向成功的垫脚石。那些取得伟大成就的人都承认：失败只不过是通往成功的道路上的一部分。"

看看你能不能猜出他是谁：

21 岁时，他经商失败。

23 岁时，他参加州议会选举失败。

24 岁时，他又经商失败。

26 岁时，他的未婚妻去世，令他痛不欲生。

27 岁时，他患上神经衰弱症。

34 岁时，他参加美国国会选举失败。

36 岁时，他参加美国国会选举，再次失败。

45 岁时，他参加美国参议院选举失败。

49 岁时，他参加美国参议院选举，再次失败。"

52 岁时，他被选为美国总统。

"成功就是经历无数次失败，仍然保持激情澎湃、勇往直前的能力。"

——温斯顿·丘吉尔
（Winston Churchill）

"顺便说一句，如果你的竞争对手对你的年龄提出质疑的话……嗯，我给你讲一下罗纳德·里根（Ronald Reagan）的故事吧！"

120

罗纳德·里根在 1984 年竞选总统（第二个任期）时，他已是 73 岁高龄了，许多评论者暗示说，他太老了，不能再当总统了。当时他的竞选对手，是比他年轻许多的沃尔特·蒙代尔（Walter Mondale）（56 岁）。

"里根先生，你不觉得在履行美国总统这一充满压力的职责需要的能力中，年龄也是一个相关的因素吗？"

"年轻人，感谢你的提问。但是在这次竞选中，我将不会把我对手的年轻和缺乏经验当作一个问题！"

里根以压倒性的优势当选。在他第二届任期结束后离职时，他位居支持率最高的当代总统之列。

贝丝正处于她生命中一个重要的十字路口。她一向对政治很感兴趣，然而，就像任何一个即将进入崭新领域的人那样，她感到恐惧和怀疑。这很正常。当目标和梦想只存在于头脑中时，它们是安全的。但当你让它们暴露于阳光下时，你会感到有些忐忑不安。

"当你还是一个小脑袋熊的时候，你就开始思考问题了。你发现，有时你体内一件很具体实在的东西，当你把它拿到外面去，让其他人指指点点的时候，还是会显得十分不同。"

——小熊维尼
（Winnie the pooh）

通常，对恐惧和怀疑来说，最好的解药是迈出第一步。

"千里之行，始于足下。"

——老子
（Lao-tzu）

　　成功的人总是采取行动。他们不是一时冲动，他们知道，或早或晚总要行动的，就像爱因斯坦说的那样，"什么都不动，就什么也不会发生"。

　　在对成功个体的研究中，我们发现，许多人都是千方百计地采取措施，**不遗余力地**追求自己的梦想。他们不会坐在那儿，期待成功的到来。在某些情况下，他们只是不知道怎么才能做得更好而已。

愚蠢的男孩

霍默·希卡姆（Homer Hickam）生长于 20 世纪 50 年代的西弗吉尼亚州煤山镇。煤山镇是一个采矿小镇。

那时，霍默并没有什么特别过人之处。在高中时，他并不是一个出类拔萃的学生，同样也不是一名出色的运动员。他看上去似乎并非特别有活力……直到 1957 年的一天晚上，他在收音机里听到苏联人造地球卫星史泼尼克号发出的"嘟嘟——嘟嘟"的鸣叫声。

你知道，在 20 世纪 50 年代，美国和苏联在开展一场竞赛，看谁第一个把人造地球卫星送入太空。结果，苏联人赢了。他们于 1957 年 10 月将史泼尼克号人造卫星送入了太空。美国人震惊了，他们发誓要举全国之力，努力赶上苏联人。

不知出于什么原因，年轻的霍默·希卡姆觉得，他可以有所作为，尽管事实是：他既没有钱，也没有科学背景，而且也没有好友或家人能够帮助他。尽管如此，他还是信心十足，跃跃欲试。

霍默和他的伙伴们决定建立他们自己的太空机构。于是，他们成立了大溪飞弹署（不是美国国家航空和航天局），以便尝试把"火箭"送入太空。这些火箭是用圆柱形金属管做成的，里面塞满了鞭炮。他们的实验除了可以用滑稽可笑来形容外，再也找不出别的词语了。

216

但是，这些男孩并没有放弃。当然，他们从来没有进入太空，但他们的努力却得以在一场科学博览会上进行了展示。而这次展示帮助霍默拿到了大学的奖学金。在那里，他开始学习工程学。大学毕业后，他在美国国家航空和航天局找到了一份工作。

作为霍默及其伙伴们感人故事的继续，霍默叙述说，多年后，他认识的一名宇航员，同意将其中一名男孩制造的"火箭前锥体"带入太空。

"当我看到巨大的宇宙飞船从佛罗里达州的卡纳维尔角发射垫上腾空而起的时候，我心中充满了自豪和幸福：大溪飞弹署终于升入了太空。"

霍默和他的朋友们从未真正把火箭发射到太空中去。

但是，通过付诸行动——通过追求他们梦寐以求的东西——一截属于他们自己的火箭多年以后确实进入了太空。

关键的一点是（请原谅这个比喻），如果你不采取行动，你就永远不知道你可以走多远。无所作为绝对是游戏的终结者。游戏结束了，梦想也就结束了。

要想知道这个激情澎湃、感人至深而又天真烂漫的青春故事的更多细节，不妨读一下霍默·希卡姆的自传《**火箭男孩**》（***Rocket Boys***）。

就像霍默·希卡姆和他的伙伴们所表现的那样，有时青春的热情是惊人的，这是因为年轻人尚未受到生活中那些消极人士过多的劝阻。

另外一个例子，我想给你讲一下关于英国企业家（亿万富翁）理查德·布兰森（Richard Branson）的故事。他创建了维珍唱片公司，然后是维珍航空公司和一系列其他维珍企业。

顺便问一句，你能猜一猜为什么他选择"维珍"这个名字吗？正如理查德所解释的，那是因为他开始创建音乐公司的时候，对商业知之甚少，似乎找不到其他合适可用的名字。

纯属无稽之谈

理查德·布兰森在英国贫穷的乡村长大。他患有阅读障碍症，在学校的表现一塌糊涂。

"在今天，患有阅读障碍症并不是个问题。或者，说得更准确一些，只有当你自己有阅读障碍症时，那才是个问题。但以前因为还没有人听说过这个病症，所以不能读、写或拼写，在老师和班里其他同学看来，你要么是傻，要么是懒。"

——理查德·布兰森，

《失去处女之身》（*Losing My Virginity*）

确切地说，并不是这位机会判断者执意要选择成为英国最著名的企业家的。然而，布兰森的"问题"在于，**他根本就没有意识到他没有成功的机会。**

因此，在 15 岁时，他创办了一本杂志（这本杂志引导他走向了音乐事业）。杂志还没有印出一本，他就开始向当地企业推销起了广告版面。

221

"我的功课越来越差……如果我那时再年长五六岁的话，我就会知道，向大公司推销一本由两个 15 岁在校学生编辑的，还没有印出来的杂志上的广告版面纯粹是无稽之谈，而我也就不会到处去打什么电话了。但我那时太年轻了，根本没有想过失败。"

布兰森太年轻了，不懂得他的所作所为是多么荒谬！

所以他才会采取行动，开始销售广告版面。然后，他创办了一本杂志。然后，是一个小唱片公司。然后，是一个很大的音乐公司。然后，是一个航空公司。

"很多错误的行为，
都是由于站在那里不动而引起的。"

——佚名

换句话说，有时候你必须去尝试。或者，正如强大的耐克的口号所建议的那样：

只管去做!（Just do it！）

顺便说一句，如果你想了解另一个亿万富翁企业家的创业故事，有一本书叫《只管去做》（*Just Do It*），是关于耐克公司创始人菲尔·奈特（Phil Knight）的。有一天，耐特先生做出一个"怪怪的"决定，他辞掉了会计师工作，**说做就做**，开始利用他的车厢卖起了运动鞋。

"对于安全的渴望，与每一个伟大而崇高的企业的精神都背道而驰。"

——塔西佗（Tacitus），
罗马帝国的历史学家

让我们回来看一下贝丝怎么样了。

"我已经决定了，比利。

我要参加镇议员竞选。"

竞选之夜

贝丝：
44 票

贝丝的对手：
2232 票

"好吧，贝丝，这不是你所希望的，但却是个很好的开始。"

"你知道吗，吉姆……你是在火上浇油。"

"你就不能闭嘴吗？"

229

230

133

我们正处于本书中的一个关键时刻。我们的主要角色之一贝丝刚刚遭受了一个痛苦的挫折，并且正在考虑放弃她的公共服务和参政梦想。

我不知该怎么跟她解释，我所知道的每一个成功人士，在他们走向成功的旅程中，都无一例外地经历过痛苦，遭遇过挫折。几乎可以说，逆境和苦难就像是成功道路上的一个必不可少的"关卡"。

如果让我指出我所知道的成功人士的一个主要特点的话，那就是绝对拒绝放弃——不管发生什么情况，都心如磐石、矢志不移。

両周后

"吉姆，你有时间吗？我想请你喝杯咖啡。"

"好啊，当然有。"

"谢谢你能来。对不起，竞选之夜我冲撞了你。我那天情绪糟糕透了，正在想参加议员竞选是一个多么可怕的错误啊。"

"没关系，贝丝。我不会在意的。你今天感觉如何？"

"好点儿了，但还是觉得挺受伤的。吉姆，我是想要从政，我相信我会有所作为。但是，实话告诉你，我现在看不到任何希望。"

"我理解你的心情，贝丝。"

我的确理解贝丝的感受。她为竞选付出了一切，却只收到了 44 张选票，就好像除了她自己……所有人都看不到她可以做出的贡献。

在我的生命中，我经历过很多次灰心失望。但我觉得我的梦想依然迂回前进。没有人能看到我的价值所在，但我相信自己。

通向成功的道路往往是孤独的。

即使爱你的人，也都会有他们自己的梦想。他们当然希望你实现你的目标，但是他们同时也专注于自己的目标。因此，你——而且只有你自己——必须下定决心，朝着你的人生目标不断努力。

我的办公室与一个高尔夫球场比邻，窗户外面，高尔夫球手们的一举一动我尽收眼底。有一个年轻的高尔夫球手每天都在那儿练习。从旭日东升一直练到日暮西山。

为了在他所选择的领域取得辉煌成就，他一个人在默默地苦练。暴雨倾盆的时候，他在练；滴水成冰、寒风呼啸的时候，他也在练。

在我看来，这个年轻人一定会大有作为。在他的眼里，他看到的是创造非凡成就的机遇。也许没有人相信他，也许，对其他人来说，他是微不足道的，**但在他的脑海里，却有一个水晶般晶莹剔透的信念，那就是他要赢得总冠军。**就是这个信念鼓舞着他勇往直前——无论多么孤独，他都可以欣然承受。

237

就像我在窗外看到的年轻的高尔夫球手一样，你必须竭尽全力地抓住你的梦想，就像一条狗咬住一根骨头。在今天许多的成功故事中，人们都必须战胜怀疑和恐惧……还有在某些情况下非常不利的开端。

未来的名人堂成员德里克·杰特（Derek Jeter）在他未成年人比赛的第一个赛季中，只击中 202 次……而且犯了 56 次错误。

238

"在我大约 8 岁那年，我走进我父母的卧室，向他们宣布，我将来要为扬基队效力。"

"（我的第一场职业比赛）是连赛两场的棒球赛。我跑垒 7 次，成功 0 次，5 次三振出局。我还犯了一个投球错误……导致我们全局皆输……简直不可想象，一夜又一夜，我在旅店的房间里哭得死去活来，因为我打得实在太差了。我当时疑虑重重，内心深处感到窘迫万分。"

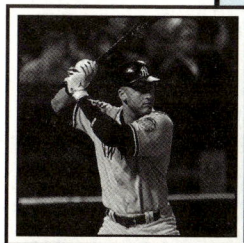

"同样是我，一个来自卡拉马祖市的瘦小孩子，拍着球转过我家墙角，又钻进车库天天挥舞球拍……我克服了挑战。我进入了大联盟赛，并且成了扬基队的游击手。你必须弄清楚的是：你不要把你的梦想仅仅当成梦想，你必须觉得它们能够变成现实。"

——德里克·杰特（Derek Jeter）
《你所想象的生活》
（*The Life You Imagine*）

"吉姆，也许我天生就不适合从政。也许我不够聪明，缺乏演讲能力或没有超凡的魅力。"

"贝丝，我不想给你讲我的'天赋无用论'，但我确实想让你知道，成功的决定因素中，排在第一位的是：为你所选定的目标坚持不懈地努力。"

"我已经从比利那儿听过你的'天赋无用论'了……我都不知道该相信什么了……看看伟大的讲演家比尔·克林顿（Bill Clinton）和巴拉克·奥巴马（Barack Obama），我知道我永远都比不上他们……在 10 个人面前讲话我都会感到紧张。"

"贝丝，只有努力去做，你才会知道你能够做什么。克林顿和奥巴马也并不生来就是伟大的演说家，在你听说过他们之前，他们俩都进行了多年的训练。"

"但是他们的讲演是那么自然……那么流利，那么完美。"

"是的……的确如此。但是，在任何一个领域，卓越的成就都需要长时间的磨炼。你知道德摩斯梯尼（Demosthenes）吗？他被认为是有史以来最伟大的演说家。有人说，为了发音的准确度和清晰度，他把鹅卵石含在嘴里进行练习。"

"哇，把鹅卵石含进嘴里！我想他为了成为最优秀的演说家，真的是豁出去了。"

"我想也是。说到这里，贝丝，请问，你想做美国总统吗？"

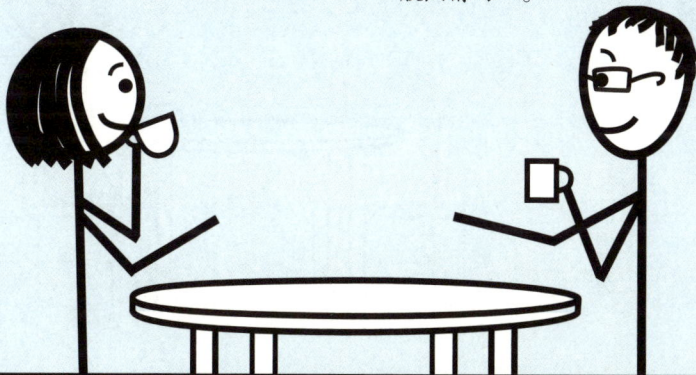

"是啊，我也想。但是我谈的不是那些**想要有**很多钱的人。我谈的是那些对赚钱有着火一般热情的人。"

"嗯，我想做百万富翁。"

"是什么原因让他们肚子里有一团火呢？我不知道我有没有。"

"我有我的理论。"

"你打算和我分享你的理论吗？"

"是的。但这个理论并不全是我的。让我来给你讲一个有趣的研究吧。"

"你听说过《不列颠百科全书》（*Encyclopedia Britannica*）吗？……是的，你说对了，这是一种网上信息资源。但是，在被发到网上之前，它是一系列图书。事实上大约有30种，是作为一种综合性的参考资料来出售的。它通常是由推销员挨家挨户上门推销的……不，我不是在开玩笑！"

不管怎样，在我将要告诉你的这项研究中，《**不列颠百科全书**》扮演了一个重要角色。

早在 20 世纪 60 年代，一位名叫马丁·艾森施塔特 (Martin Eisenstadt) 的心理学家尝试着去揭开超级成功的秘密。什么是"疯狂的征服欲"的根源？到底是什么原因促使一些人达到了某种程度的成功，而这样的成功大多数人甚至连想都不敢想。

首先，艾森施塔特需要找出那些超级成功人士。所以，他翻开他的 30 卷《**不列颠百科全书**》，寻找那些足够有名、可以在书中占半页纸以上介绍的人。

他发现，任何有资格值得用这么多"笔墨"进行描述的人，都是某种程度上的超级成功者。当然，他的做法有点随意，但是仍不失为一个不错的方法。

他的超级成功者名单中囊括了 573 名著名人士，从荷马（Homer）到约翰·F. 肯尼迪（John F.Kennedy）。

下一步，艾森施塔特必须去探究这些人的生活，以便找到共同点。

令他吃惊的是，他发现的共性是：在这 573 位名人中，大部分人都是在很小时，父母中的一人或双亲就去世了。平均来说，这些著名的成功人士在 13 岁时就失去了父亲或母亲。

然后，艾森施塔特随机选取了一个 573 人的对照组，并取得了他们父母去世时他们的年龄情况。平均来说，对照组成员是在 19 岁时失去了他们的父亲或母亲。

"所以，你的意思是说，一个人小时候父母的去世，反而驱使他在某些领域获得了成功，是吗？"

"这个没有科学依据，贝丝。但我认为，这是一个因素。我觉得很多超级明星都是在一种挫败感的驱动下更加发奋努力的，他们或者父母去世或离婚，或者有着不幸的童年。或许有一些人是想要用成功来弥补他们的损失。"

"哇……你的理论是否适用于美国总统克林顿和奥巴马呢？"

"碰巧的是，克林顿的父亲在小比尔还未出生时就去世了，而奥巴马的父亲在小巴拉克这位未来的总统只有 3 岁的时候，就离开了他和他的母亲。"

"那我的偶像奥普拉·温弗瑞（Oprah Winfrey）呢？"

"奥普拉的童年十分不幸。她是由她的祖母养大的。在很小的时候她就遭到了强暴。在她十几岁时，奥普拉怀孕并生了一个宝宝，但孩子不久就死了。我想这些事件都是她取得巨大成功的驱动力。"

"哇。"

"顺便问一句，贝丝。你的父母还都健在吗？"

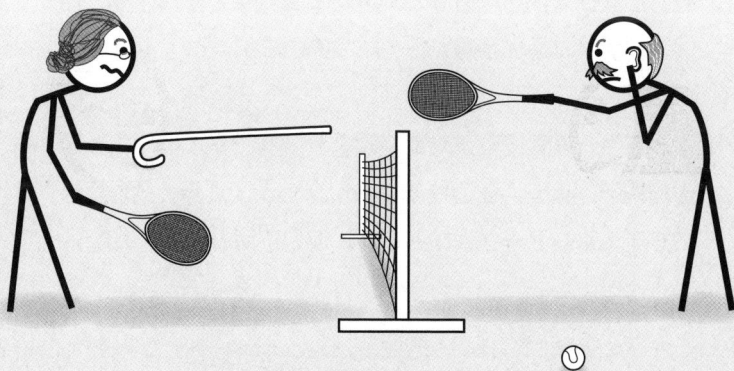

149

"出界了吗?! 出界了吗?!"

"别吵了……我知道出界了……我已经说过出界了!!!"

　　在贝丝进行思考的时候，我有一些问题要问你：你有"疯狂的征服欲"吗？你有强烈的成功欲望吗？你想成为你工作领域内优中之最优者吗？你想成为美国总统吗？

　　当然，答案没有正确或错误之分。我只是试图让你反思你的抱负。有些人在通往成功的阶梯上走了几步，就很高兴地走了下来。另一些人却不一样，他们不到山顶决不罢休。

"吉姆，你的话让我想了很多。"

"好吧，贝丝。要记住，只要坚持不懈，万事皆有可能。"

"吉姆，我知道对你来说，那些话说起来很容易。但是，对别人来说，要坚持下去却并非易事。"

"哎呀，贝丝。我希望我不是在火上浇油。"

"哦，那好，我来问问你……你曾经在你的职业生涯中遭遇过重大挫折吗？"

"是的，贝丝，我遭遇过。你别看我现在是个自封的'百事通'，在这之前，我是个企业家——高风险高回报。很多次，我差点血本无归。"

"那你是怎么应对挫折的呢？"

"刚开始我做得并不好。后来我意识到，我应该学会使用策略来应对挫折。"

以下是我的策略：

1
锻炼

通过常规项目的运动，我做到了两件事。第一，增加精力。在很大程度上，成功是在正确的时间和地点对于能量的应用。第二，我发现运动可以让我思路清晰，并能消除焦虑情绪。

2
规律和习惯

不管生活中发生什么事，我都试图保持生活的规律。如果一连几天坏事不断——世界似乎就要崩溃了——我也会在某些可预见的必然事件中找到平静：早上淋浴，边吃早餐边看报纸，上床前静静地感谢上帝。最近我读了伟大的编舞者崔拉·莎普（Twyla Tharp）写的一本书，得知莎普女士也是利用规律性行为来排遣不良情绪的。

264

"我的活力来自我的日常作息，我的养分来自我的自力更生的习惯。"

——《*创造性习惯*》

（*The Creative Habit*）

3
我的咒语

　　当我处在一个糟糕的境地，为一些棘手的问题而忍受着折磨，整个世界似乎就要失去控制的时候，我会重复念诵一句在之前很多情况下都有效的咒语："任何不能置我于死地的东西只会令我更加坚强。"这些话当然是哲学家歌德说的。我为此而感谢他，因为当我一遍又一遍地重复它们的时候，我的焦虑似乎被平息了，我又重新鼓起了勇气。

"大约 20 年前，我在做房地产生意，这个行当那时好像快过时了。我做了几笔非常成功的交易，我开始有点晕晕乎乎了。我开始觉得自己能够点石成金，就买了一栋我不该买的楼盘。

　　"这是美国康涅狄格州谢尔顿的一座工厂大楼，占地约 10 英亩。这栋建筑出租期为一年，其间物业所有权的所有费用都包括了。我的目标是在头一年对这栋建筑物进行重新规划，撤掉工厂，建立一个小型的购物中心。

　　"我想我已经建好了所有的基础设施，而且我的规划申请也成功了。但是，在我自鸣得意时，大街对面的产权人就对我提起了诉讼。

　　"他不想让谢尔顿地区有更多的零售店，所以他反对重新规划，认为这是违法的。"

"你是吉姆·兰德尔吗？你被起诉了。"

"你在开玩笑吧？"

我的自满得意使我忽略了有人可能对我的重新规划提出反对，而一旦有人反对，就可能给我带来真正的麻烦。实际上，在我还不知道我的楼房能否被批准做零售之用前，我是不能盲目地进行开发的。我陷入了困境。一年过去了，大楼内的租户都准备搬出去。这样一来，我的运营成本将从零升至每月 50000 美元……我即将陷入严重的危机。

"那你是怎么处理的？"

"嗯，我做的第一件事是重温一遍几年来一直陪伴我的格言。这一格言出自美国总统卡尔文·柯立芝（Calvin Coolidge）之口。"

卡尔文·柯立芝是这么说的：

没有什么可以取代坚持不懈的力量。

才能不能够取代它；不成功的才子比比皆是。

天才不能够取代它；碌碌无为的天才大有人在。

教育不能够取代它；世上到处都是受过教育的无用之人。

坚持不懈和永不言弃是无所不能的。

"勇往直前"这句口号已经解决并将永远能解决人类所面临的各种问题。

出于好玩，看看你能否找出第 30 任美国总统卡尔文·柯立芝的照片。

答案在本书最后一页。

"是啊。是它给了我继续前进的力量……去尽我所能，找到一个解决问题的方法。"

"多么铿锵有力的语言啊。"

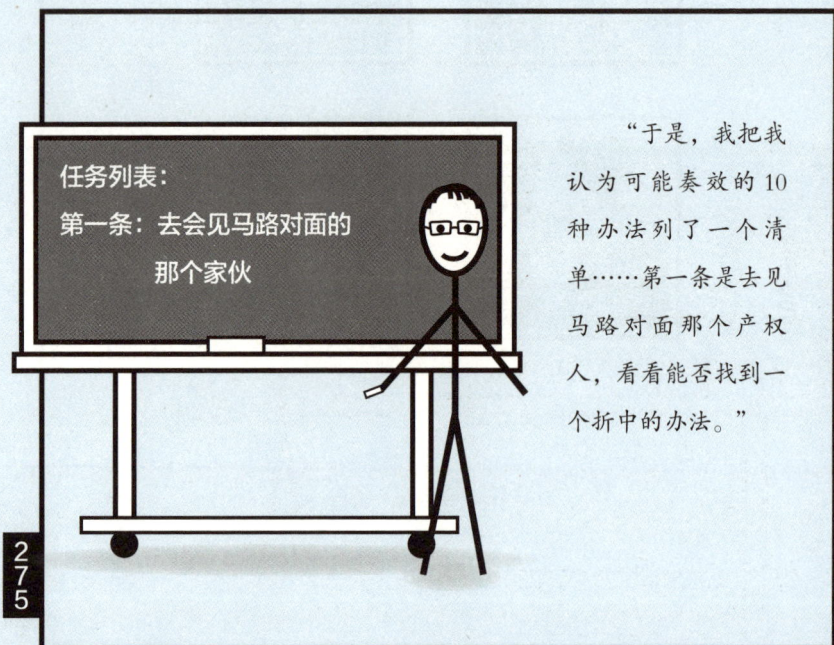

任务列表:

第一条: 去会见马路对面的
那个家伙

"于是，我把我认为可能奏效的10种办法列了一个清单……第一条是去见马路对面那个产权人，看看能否找到一个折中的办法。"

成衣店　　　　宠物店　　　Ke

"嘿,我是吉姆·兰德尔……"

"给我滚开。"

276

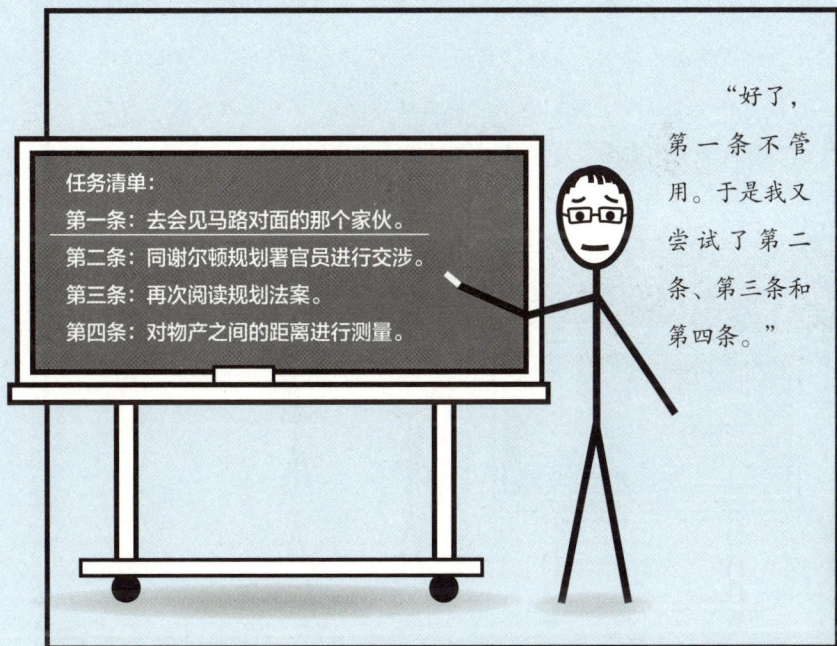

任务清单:
第一条: 去会见马路对面的那个家伙。
第二条: 同谢尔顿规划署官员进行交涉。
第三条: 再次阅读规划法案。
第四条: 对物产之间的距离进行测量。

"好了,第一条不管用。于是我又尝试了第二条、第三条和第四条。"

277

"不幸的是，我前面罗列的 10 种办法，没有一种能够奏效。但是，我并没有就此罢休。于是，我又列出了一个包括 10 种办法的清单，并逐条进行了尝试。仍是无一成功，每次都是三振出局。"

"这个故事真让我着急。"

"我也着急啊，贝丝。而这是 20 年前发生的事了。当时我跟妻子有四个孩子。我们有一个温馨的家庭，有一笔数额很大的抵押贷款和两辆豪车。我真的害怕极了，好像脚下就是万丈深渊。

"但是我坚持不懈地努力……我又列了一个包括 10 条办法的清单，希望能够管用。无济于事，一切都无济于事。"

"我非常害怕，贝丝！我担心卡尔文·柯立芝的格言已经过时了。但是我知道我必须坚持到底。

"我决定对我所有的预想再进行仔细检查。在康涅狄格州，如果一个业主的物业距离另一个业主的物业在 100 英尺以内，那么他就有绝对的权利在法庭上对物业重新规划提出异议。所以我决定再丈量一下我买的楼房和街对面那栋楼房的距离。"

280

"你猜怎么样，贝丝。在一个测量员的帮助下，我发现从前的丈量数据不准确。到街对面的距离实际上是 **105 英尺**！换句话说，我有理由去法院对这次诉讼提出质疑！"

281

"我同意兰德尔的请求……诉讼撤销。"

282

我讨厌这个家伙。

"诉讼一经撤销,我就能够挽救我的项目了。结果,在这千钧一发之际,我与破产擦肩而过……嗯,实际上,就是因为测量员多测出来的那5英尺挽救了我。"

"哦,这个故事太棒了。我真高兴你能坚持到底!"

"你也可以啊，贝丝。成就的真相几乎总是一个坚持不懈和坚韧不拔的故事。那些矢志不移的人，不管遇到什么样的挫折，都会战胜困难去实现目标。而那些知难而退的人往往都错过了生命的机遇。"

"我需要好好思考一下了，吉姆……谢谢你花时间指导我。"

关于坚持不懈，我思考了很久。我发现，有四点可以说明为什么坚持不懈是取得成功最关键的要素。

1

你从事某一项工作的时间越长，你对它的洞察力就越强。

你以前在玩纵横字谜或者七巧板的游戏时，是否曾因卡壳而把它扔在一旁呢？接着，几小时后，在你回来时，突然看到了你从未发现过的东西。这是因为，每天的每一分钟，你都处在某种刺激下，而当那些条件发生变化时，你的思维和视角也随之发生了变化。

"灵感是否降临并不取决于我。我只能做到让它促使我工作。"

——巴勃罗·毕加索
（Pablo Picasso）

2

你从事某一项工作的时间越长，你就越会熟能生巧。

你知道，这本书的假定是："天才"——在某一特殊技能上的优雅和高贵的表现——是无数个小时的练习和重复的结果。

坚持不懈行之有效，是因为你从事某一项工作的时间越长，你就越会熟能生巧，并由卓越走向成功。

"我们坚持去做的事情变得越来越得心应手，不是因为这件事情的性质发生了改变，而是我们做这件事情的能力得到了提高。"

——拉尔夫·沃尔多·爱默生

288

168

3

你从事某一项工作的时间越长，你就越有可能在机会来临的时候采取行动。

我的假设条件是：大多数人在一生中都能得到一定数量的好机会。只要你咬定目标不放松，你就一直处于"待机"状态，只要难得的机会一出现，你就能抓住它。

"我们每个人都有走运和不走运的时候。那些在厄运中仍然坚持不懈、勇往直前的人就能等到好运的降临，并能抓住这样的机会。"

——作家兼出版商罗伯特·科利尔
（ Robert Collier ）

289

4

你从事某一项工作的时间越长，你就越有可能消除倦怠情绪。

只要你坚持，任何人、任何事都无法阻止你追求成功的步伐；只要你坚持，你就可以克服一切困难。

"就像参加类似'寻找明日之星'和'即兴表演'这样的面试，我们必须在下午 2 点就开始在俱乐部外面排队，希望能在当夜 11 点后的某个时间登台表演。你必须一整天坐在路边，等待着，等待着。不可避免的是，在你前面的某个人会说'烦死了！'，然后走开了。我总是喜欢这样的事情发生。因为突然之间，我向前挪动了一个位置……我又前进了一步！"

——杰伊·莱诺（Jay Leno）
《鲁莽行事》（*Leading with My Chin*）

出于好玩,我来给你讲一些著名人物的片段。在他们走向成功的道路上，很多人发表了反对意见，但他们都不屈不挠地进行了抗争。

　　"猫王"埃尔维斯（Elvis）——在纳什维尔乡村大剧院试演时，被告知他应该继续开大卡车。

　　玛丽莲·梦露（Marilyn Monroe）——某位制片人告诉她：她的长相不适合演电影。

　　苏斯博士（Dr. Seuss）——最初 28 家看过他手稿的出版商拒绝了他。后来他成了有史以来最成功的作家之一。

　　迈克尔·乔丹（Michael Jordan）——高中时进不了篮球队。

发生在不太出名的人身上的不因遭拒而气馁的故事还有成千上万。

"专家"常常犯错误的原因是：成功并不是由显而易见的东西带来的。成功的关键因素是情感和意志这些乍看之下难以察觉的东西。

谈到坚持不懈，我必须坚持说服比利：要想成为一名喜剧演员，通向成功的道路比他想象的更加漫长和艰险。与此同时，我必须说服贝丝，她对于演讲的恐惧会随着时间的流逝而得以改善，而她从政的愿望决不能因为一次痛苦的失败就画上句号。

于是我把
比利和贝丝邀
请到我家里。

"喝点儿绿
茶怎么样？"

"好的，
谢谢你。"

"我请你们过来小聚一下，是因为我觉得你们两个都处在十字路口。比利，你需要在心中好好问一下自己。你准备好为参加《今夜秀》节目的选拔而坚持不懈地训练，克服各种困难了吗？贝丝，你需要反思一下选举失败的原因。你准备好重新振作起来，再次参加竞选了吗？"

"我只是不想再去经受一场失败的痛苦。"

"我明白，贝丝。下次选举中，你可能还会输掉。但我要和你们分享一些关于坚定不移的重要观点，即你越是坚持不懈，你就越能熟而生巧。"

"吉姆，我觉得对我来说，那是个不合逻辑的推论。"

下面你将学到关于坚持不懈的伟大
真理之一：

你越是坚持到底，
你就越能坚持到底……

"贝丝，让我来解释一下。我在思考，当我在谢尔顿的那笔生意遇到麻烦的时候，我是怎么坚持下来的。我的结论是，以前遭遇过的挑战已经使我具备了这种素质。之前我就已经被逼到墙角过，所以我懂得我必须想尽一切办法来摆脱困境。"

"我有点儿明白你的意思了，它使我想到了一些什么。"

"我跑过好几次马拉松比赛。第一次我开始时跑得不错，但在跑到 20 英里的时候，我突然碰到了所谓撞墙期。我觉得我快要跑不动了，我想到了放弃。但我没有这么做。在跑到 22 英里的时候，我感觉好多了，并且完成了比赛。

　　"几个月之后，在我第二次跑马拉松的时候，我再次遭遇了疲劳的袭击和对于 20 英里这一标志性里程的恐惧。我再一次怀疑，我能否跑完全程。**但是，这次我心里有了底，我回想起第一次跑马拉松时，在跑到 20 英里时，我的感觉究竟是怎样的。**我回想起当时内心的恐慌。我还回想起，只要把一只脚挪到另一只的前面，我就能完成比赛。

　　"换句话说，坚持跑完了第一次，我就能更好地坚持跑完第二次！"

300

“贝丝，这是一个极好的例子，它可以验证我的观点。渴望放弃和决心坚持下去都是一种心理状态。通过逼迫自己渡过难关，你可以增强自己应对未来挑战的能力。”

什么时候才能轮到我说两句呢？

有些人认为，坚持不懈的能力与人的教育或某种遗传素质有关。也许你想到了我的"天赋无用论"，那是因为，就像成功的其他关键因素一样，我相信，一个人可以通过开发某种机制，增强自己应对逆境的能力。

以下是我的建议：

提高自己应对挑战的能力

1. 不断挑战自我。 就像参加体育活动（如马拉松）可以锻炼你的耐受力一样，通过应对较小的挑战，你可以磨炼自己坚韧不拔的精神。每一次，当你经受住了考验并坚持到底地从事了某项活动，你经受更大考验的能力就会随之增长。

2. 优化你的能级。 耐受力最终归结为力量的考验。正如道格拉斯·亚瑟将军所言，"疲倦可以使人变成懦夫"。健康的生活方式可以增加我们的能量，使我们尽可能地保持旺盛的精力，去击败挫折。

3. 时刻提醒自己牢记自己的目标。 我有一张加勒比海一个岛屿的照片，总有一天，我要把这个岛屿买下来。我每天看它，以便坚定我的决心。在我情绪低落、感到疲惫不堪的时候，我一天要看上两三次。

4. 学习并运用技巧进行精神控制。 就像我们讨论过的那样，坚韧不拔是一种习得的技能。我总是在努力寻找这方面的建议。我最近在一遍又一遍地阅读安东尼·罗宾斯（Anthony Robbins）有关神经语言程式学（NLP）的书籍。

5. 切莫临界自责。 有些人因为自责早早地放弃了努力。要学会喜欢自己。你要佩服自己勇于接受挑战的勇气，换作其他人，可能早就逃之夭夭了。登山意味着有时会滑倒。每个人都可能会滑倒。

303

"吉姆，实际上，你终于开始说到点子上了。不过，我想我能够找到办法参加《今夜秀》的表演。我很聪明。我能让人开怀大笑。我长得很帅。"

"你的确长得很帅，比利。也许你能够找到一条捷径，去参加《今夜秀》节目的表演。我希望如此。"

哎哟，哎哟……

"谢谢你，吉姆……我觉得你也很帅。"

三年以后

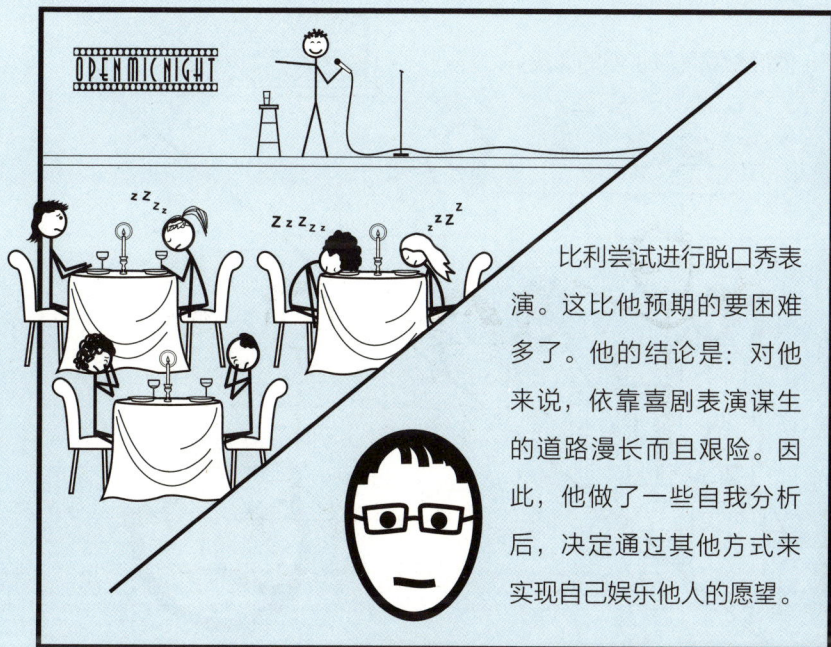

比利尝试进行脱口秀表演。这比他预期的要困难多了。他的结论是：对他来说，依靠喜剧表演谋生的道路漫长而且艰险。因此，他做了一些自我分析后，决定通过其他方式来实现自己娱乐他人的愿望。

比利找了一份在社区
大学教会计学的工作。

会计学 101

$11,386 + $7,686 = $19,072

308

他把幽默带进了他的课堂。

砰!

"嘿，
我是故意那
样做的。"

309

182

至于贝丝，嗯，她努力练习演讲……她练了又练，练了又练。实际上，她已经取得了明显的进步。于是她决定参加她所在城镇规划委员会委员的竞选。她当选了！更重要的是，她还得到了委员会其他成员的极大尊重，她被选为委员会主席。

"作为斯普林菲尔德镇规划委员会主席，本人特此召集本次会议。"

我为比利和贝丝感到自豪。他们都明确了他们真正想要的东西是什么……也就是他们的激情所在。然后，他们都不遗余力地进行了奋斗。在挫折面前，他们都坚持不懈，而且今天他们两个人都如愿以偿了（尽管贝丝仍在觊觎州参议院的某个职位）。

结　束

希望你喜欢比利和贝丝的故事。

　　他们要求我把我认为的特别成功人士的 10 个最重要的特点列出来。他们希望，这些信息会有助于你取得事业的成功。

特别成功人士的
10 个最重要的特点

1. 成功故事通常都归结为普通人的传奇，他们有勇气采取行动，向着某种他们强烈所欲追求的目标勇往直前，遇到挫折也决不放弃。

在许多情况下，成功者与失败者之间的差别，只有一层鸡蛋壳的距离。换句话说，在那些将事业做大的人和没有做大的人之间的差距微乎其微。

差距通常在于胆识，也即采取行动追求理想的愿望，以及当狂风骤雨来临时坚持到底、永不言败的勇气。

太多的人都认为，成功只属于那些不同寻常的人士。事实并非如此。你还记得在《绿野仙踪》（ *The Wonderful Wizard of Oz* ）中，多萝西（Dorothy）的狗托托拉开遮住巫师的窗帘的场景吗？我们所看到的是一个很普通的矮小男人，但他在他的杠杆和转盘上不知下了多少苦功。绝大多数成功人士的故事都是如此。当你拉开罩在他们脸上的神秘面纱，你就会发现，他们都是普通人，只不过他们为追求自己的理想付出了巨大的努力。

2. 成功人士为实现自己的目标做好了充分的准备。

对以脱口秀喜剧表演作为谋生手段这条道路的漫长和艰难，比利并没有做好充分的准备。

在思想上对将会发生的事情做好准备，你就能更好地应对逆境。当不可避免的风暴来临的时候，你的潜意识里会想：

"啊，是的，我预料到会有问题——我不知道它们究竟会是什么，但我知道，它们迟早会来的。"

而不是：

"哦，不！！这怎么可能！！为什么我要做点儿事情就比别人难呢？为什么我就不能喘口气休息一下呢？哦，不！"

我是夸张了一点儿，但明白这一点是非常重要的。以下引述自斯科特·派克博士的《少有人走的路》：

想要达到你所追求的成功将是困难的。然而，一旦你知道了它是困难的，那么，旅程就不再那么艰难了。一旦你知道你的旅程将会充满挑战，你就能更好地处理即将到来的困难和逆境了。

317

3. 成功人士尽其所能，最大限度地增加他们成功的概率。

生活中没有保证。所以，成功人士尽其所能地获取机会来为他们所用。下面就是一些例子。

（1）**成功人士对任何事都绝不掉以轻心。**他们知道"细节决定成败"，所以，他们千方百计追求事业的成功。

（2）**成功人士相信应该不断地进行自我完善。**日语中有一个词，叫作"kaizen"，意思就是天天向上。我发现大多数成功人士都具有好奇心，喜爱读书，而且善于聆听。

（3）**成功人士懂得扬长避短。**没有哪个人对所有的事情都擅长。许多大成就者善于识别他们的长处，然后尽其所能地成为这个领域真正的专家。他们认同下面这句谚语："样样通，样样松。"

（4）**成功人士善于建立人际网络。**成功人士明白，95%的成功依赖于他人。如果那些能够决定你命运的人认识并喜欢你，那么，你就会有更大的可能性跨过成功的终点线。

（5）**成功人士尊重所有的人。**大多数的成功故事都秉承以下原则："在走上坡路的时候，你要对每一个人礼遇有加，因为你永远不知道，在走下坡路的时候，你会遇见谁。"

（6）成功人士绝不坐等好事发生。一旦确定了他们与目标之间的距离，他们就会穿上耐克鞋，"说做就做"。

"成功人士……之所以成功，是因为他们养成了做那些非成功人士不愿意做的事情的习惯。成功人士也并非总是情愿做这些事情……但是他们还是做了。"

——E.N. 格雷（E.N.Gray）
《成功的共通性》
（*The New Common Denominator of Success*）

4. 成功人士雷厉风行，说做就做。

在某种程度上讲，成功人士从不优柔寡断，而是果断采取行动。他们明白，事情的最终结果是他们难以掌控的。他们的态度是：遇到什么问题，解决什么问题。所以，他们不会让机会在权衡利弊、分析得失的磨磨蹭蹭中从身边溜走。

采取行动可以建立信心。一旦开始行动，你就可以看到自己的工作能力。那些不采取行动的人，永远没有机会发现他们能做什么以及在什么时候去做。最终，不行动的人只会自食其果。

"当人们因为怀疑个人能力的不足，而回避某项活动的时候，他们实际上是参与了一个延迟自身发展的自我毁灭的过程。进一步地说，他们越是回避参加这样的活动，他们就越是自我怀疑，因为持怀疑态度的人永远也得不到机会来证明自己是错误的。"

——艾奥瓦大学教授约翰·里夫（John Reeve）
《动机和情感的理解》
（*Understanding Motivation and Emotion*）

320

"成功……行动。成功人士勇往直前。"

——希尔顿酒店创始人
康拉德·希尔顿（Conrad Hilton）

5. 成功人士不惧怕失败。

每个人都害怕失败。只不过成功人士在需要向前进的时候，将恐惧进行升华。

对每一个成功人士来说，一次或多次失败是日常生活的一部分。但是，这些失败不会阻止他们继续尝试。恐惧不会让他们裹足不前。

"即使是最糟糕的失败也没有你想象的那样糟。有时，成功人士会给出这样一个令人惊讶的忠告：'快点儿失败，经常失败。'

"这句话听起来有点儿奇怪，但道理很简单。如果一个人没有遭遇过失败，他就不会去尝试新的领域。"

——汤姆·莫里斯（Tom Morris）
《真正的成功》（*True Success*）

就像你第一次骑自行车，一旦你开始尽可能快地向前移动，一个全新的视野就会展现在你的面前。任何行动都可能招致失败（就像骑两轮车时向前走第一步那样），但是，如果为了避免失败而不去练习骑乘，你就会错过很多人生的旅程。

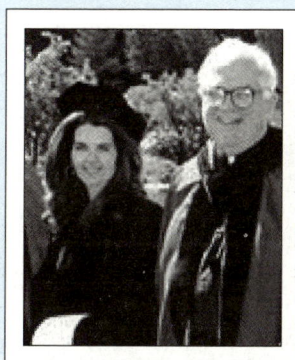

"你要明白失败是学习的一部分，这是至关重要的……如果你逃避失败，你就是在逃避生命的丰富多彩。即使你失败了，那又能怎么样呢？那也是一种释放而已。"

——玛丽亚·施赖弗（Maria Shriver）
在 1998 年 5 月毕业典礼上的讲演

323

6. 成功人士坚韧不拔。

坚韧不拔的毅力不是与生俱来的。它是可以发展、可以培养的。

你可以学习一下如何控制你的思想。你可以学着发扬积极的思想，去除消极的思想。你可以学会用强大的主导性思想取代那些破坏性思想。

选择你所要的思想的能力是取得成功的一个关键组成部分，因为这些思想可以引领你去实现自己的目标。

"人类可以通过改变内心的态度来改变他们的生存状态。"

——威廉·詹姆斯（William James），
《心理学原理》
（*The Principles of Psychology*）

"你总是可以选择如何思考问题和如何看待其他的对手。你的选择能力是你最伟大的力量……有些人看待对手的时候，只看到他们对其构成威胁的方面。而面对同样的对手，另外一些人则看到了胜利的机会。"

——摘录自《日本武士代码》
（*The Code of the Samurai Warrior*）

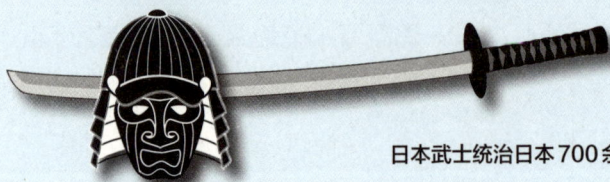

日本武士统治日本700余年。

7. 成功人士乐观向上。

成功和乐观是互相关联的。那些乐观向上的人创造了自我实现的预言：他们努力去追求他们的目标，就好像好事情就要发生，而结果往往是好事情**真的就发生了**。

1934 年，一个名叫多罗西娅·布兰德（Dorothea Brande）的女人写了一本名为《醒来并且活着》（*Wake up and Live*）的书。这本书因为一个简单的道理成了当时最畅销的书籍：当一个人把失败当作不可能的事情时，**成功就是不可避免的**。布兰德经过多年的研究发现，那些不相信会失败的人总能找到成功的道路。

"你会发现，如果进入这样一种精神状态，即当你想象到，你将要走向预定的且不可避免的成功时，你马上会感到激情澎湃、精神饱满。"

——《醒来并且活着》

325

在很多成功人士的故事中，他们都是排除了反对者的干扰，从而取得了巨大的成功，就是因为这些成功人士总是抱着积极乐观的态度采取行动。

"也许我的生活经历太多了，我从来没有想到我所取得的这些成就会发生在我身上。我根本就没想到会从事电影事业 / 工作。"

——电影制作人和奥斯卡奖得主迈克尔·摩尔（Michel Mcore)
对他乐观态度的解释

8. 成功人士兢兢业业，勤奋工作。

"成功没有任何秘诀。它是充分准备、勤奋工作和从失败中吸取经验教训的结果。"

——科林·鲍威尔将军
（General Colin Powell）（已退休）

付出一定的努力并不保证就能成功。你想要成功吗？那就付出 1000% 的努力吧。努力工作是不可取代的。

好在通过努力工作，我们可以优化我们与生俱来的能力，从而提高我们成功的概率。但首要的还是努力工作：全力以赴、不惜一切地去追求自己的梦想，不存在任何侥幸心理。

下面一句格言是我最喜欢的，它出自伟大的表演家和企业家 P.T. 巴纳姆（P.T.Barnum）：

"无论你做什么，都要竭尽全力地去做。如果有必要，不论早晚，不论应时不应时，你都应该毫无保留地去做，一小时也不要拖延，就像你现在可以做的一样……很多人把全部身心投入到他们的生意中去，结果获得财富，而他的邻居因为三天打鱼两天晒网，到老还是穷困潦倒。"

9. 成功人士持之以恒。

世上没有什么比坚持不懈更重要的了。无论你从事哪一项事业，你都会经历挫折。如何对待这些挫折将决定你拥有什么样的未来。

成功人士永远不会放弃那些对他们来说至关重要的东西。对他们来说，从 A 点到 B 点可能需要数年时间，但是他们永远不会放弃尝试。一旦你下定了决心要去做某事，就得不折不扣地去贯彻执行。

第 26 届美国总统泰迪·罗斯福（Teddy Roosevelt）是我个人崇拜的英雄之一。

泰迪·罗斯福出生时患有哮喘病，身体弱不禁风，以至于他的母亲把他描述为一个"土鳖"。泰迪出生后的最初几年过得非常艰难，因为他忍受了许多病痛的折磨。

泰迪 12 岁那年，他父亲同这位脆弱无比的男孩进行了交谈：

"西奥多，"这个强壮的男子对他的儿子说，**"你有正常的心智，但身体却弱不禁风。没有良好的身体做后盾，你的心智再好又能怎么样呢？你必须锻炼身体。"**

据说，年轻的泰迪猛地回过头来，紧咬牙关，对他父亲说：

"我会把身体锻炼好的。"

从那天开始，年轻的泰迪通过令人难以置信的体育锻炼方式和毫不动摇的韧性，最终使自己由一个病秧子变成了一个身体强壮的人。我所知道的成功人士都具有"泰迪·罗斯福式的执着"。

10. 成功人士是非分明。

我不想说每一个成功的人士，都是一个极其正派的男人或女人……也不想说每一位值得尊敬的人，都达到了他想要的成功。

然而，我确实相信，正派的作风能够增加他成功的可能性。尽管我做不出科学的解释，但我相信正直和成功的联系与能量有关。

"诚信能够创造一片充满活力、能量充沛和创造力旺盛的天空……诚信确实在起作用。它不仅仅是一个崇高的理想，它是一整套极其重要的行为准则。"

——亨德里克斯和鲁德曼（Hendricks and
Ludeman）
《公司的秘密》（*The Corporate Mystic*）

329

最后是 2008 年 6 月奥普拉·温弗瑞在斯坦福大学毕业典礼上讲的一番话：

"对我们所有人来说，这个信条是普遍适用的……即最重要的东西来自心灵深处。也就是正直的品格、崇高的修养和美丽的心灵。"

说明：我们的研究团队最喜欢的三个毕业典礼演讲在本书中都提到了，它们来自乔迪·福斯特、玛丽亚·施赖弗和奥普拉·温弗瑞。

谢谢你花时间阅读本书！
祝你成功‼

绿茶

"如果我是双面的话，我还会呈现这一面吗？"

——亚伯拉罕·林肯

"无须评论家说三道四，也不用局外人指指点点，说那位强者如何跌跌撞撞，或者说那位当事者应该如何才能做得更好，这些都毫无意义。荣誉属于那个真正在竞技场上浴血奋战的人。他满面灰尘，尝尽酸甜苦辣。他奋力拼搏，一次又一次地犯错误，经历了一个又一个失败。他付出了极高的热情、伟大的忠诚，投入全部身心去追求自己认为有价值的事业。他知道最佳结果是成功，而在最坏的情况下，如果他失败了，至少他曾经大胆地尝试过。他和那些冷血而又胆小的灵魂不可同日而语。那些人既不懂得胜利的欢乐，也不明白失败的痛苦。"

——泰迪·罗斯福

后记

最近热播的最新节目之一是《欢乐合唱团》（Glee），
领衔主演是丽亚·米雪儿（Lea Michele）。

"这是我 8 岁时起一直想要做的事情。"

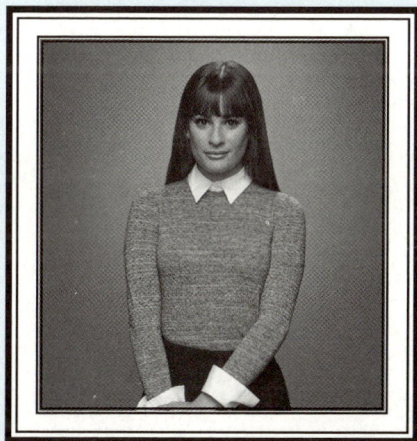

结束语

好了，本书结束了。我们希望你喜欢它。

如需阅读与本书有关的更多材料，请参阅我们的推荐阅读书目。

我们将一如既往地欢迎你的来信。

我的电子邮箱是：jrandel@theskinnyon. com。

诚挚的问候！

吉姆·兰德尔

推荐阅读

以下是写作本书时的部分参考书目:

Action, Robert Ringer (Evan, 2004)

Amazing Stories of Survival (Time, Inc. 2006)

Awaken the Giant Within, Anthony Robbins (Pocket Books, 1991)

Beyond Positive Thinking, Robert Anthony (Morgan James, 2007)

Born Standing Up, Steve Martin (Scribner, 2007)

Chicken Soup for the Soul, Canfield and Hansen (Heath, 2001)

Dare to Dream, John Maxwell (Thomas Nelson, 2006)

Defying Gravity, Prill Boyle (Emmis, 2004)

Dreams from My Father, Barack Obama (Three Rivers Press, 1995)

Do What You Love, The Money Will Follow, Marsha Sinetar (Dell, 1987)

Do You!, Russell Simmons (Gotham, 2007)

Famous Failures, Joey Green (Lunatic Press, 2007)

Finding Your Own North Star, Martha Beck (Three Rivers Press, 2001)

Flow, Mihaly Csikszentmihalyi (Harper publishing, 2007)

Game of My Life, Ken Palmer (Sports Publishing, 2007)

Get in the Game, Cal Ripken (Gotham, 2008)
Great Failures of the Extremely Successful, Steve Young (Tallfellow, 2002)

Henry Thoreau, Robert Richardson Jr. (University of California Press, 1986)

Houdini, Kenneth Silverman (HarperCollins, 1996)

How to Win Friends and Influence People, Dale Carnegie (Pocket Books, 1936)

How Successful People Think, John Maxwell (Center Street, 2009)

I'm Chevy Chase · · · and You're Not, Rena Fruchter (Virgin Books, 2007)

It's Not About the Bike, Lance Armstrong (Putnam, 2000)

John Glenn, A Memoir, John Glenn (Bantam, 1999)

Jump In!, Mark Burnett (Ballantine, 2005)

Just Do It, Donald Katz (Adams Media, 1994)

Late Bloomers, Brendan Gill (Artisan, 1996)

Leading with My Chin, Jay Leno (Harper, 1996)

Leonardo da Vinci, Sherwin Nuland (Penguin, 2000)

Life Entrepreneurs, Gergen and Vanourek (Wiley, 2008)

Lone Survivor, Marcus Luttrell (Little Brown, 2007)

Losing My Virginity, Richard Branson (Three Rivers Press, 1998)

Lucky Man, Michael J. Fox (Hyperion, 2002)

Make It Happen, Kevin Liles (Atria, 2005)
Mindset: The New Psychology of Success, Carol Dweck (Ballantine, 2006)

Never Give Up, Donald Trump (Wiley, 2008)

No Such Thing as a Bad Day, Hamilton Jordan (Longstreet Press, 2000)

Now, Discover Your Strengths, Buckingham and Clifton (Simon & Schuster, 2001)

Oprah Winfrey, Katherine Krohn (A&E, 2002)

Outliers, Malcolm Gladwell (Little Brown, 2008)

Positivity, Barbara Fredrickson (Crown, 2009)

Rocket Boys, Homer Hickam (Delta, 1998)

Secrets of Becoming a Late Bloomer, Goldman and Mahler (Stillpoint, 1995)

Stick to It, C. Leslie Charles (Yes, 1995)

Success, Jena Pincott (Random House, 2005)

Success through a Positive Mental Attitude, Hill and Stone (Pocket Books, 1960)

Swimming Across, Andrew Grove (Warner Books, 2001)

Talent, Tom Peters (DK Publishing, 2005)

Talent Is Never Enough, John Maxwell (Thomas Nelson, 2007)

Talent Is Overrated, Geoff Colvin (Penguin, 2008)

Ten Things I Wish I'd Known – Before I Went Out into the Real World, Maria Shriver (Warner Books, 2000)

The Element, Ken Robinson, Lou Aronica (Viking, 2009)

The Life of P.T. Barnum, Barnum (1855)

The Life You Imagine, Derek Jeter (Three Rivers Press, 2000)

The Magic of Thinking Big, David Schwartz (Fireside, 1959)

The Power of Focus, Canfield, Hansen, Hewitt (Heath Communications, 2000)

The Power of Now, Eckhart Tolle (Namaste, 1999)

The Road Less Traveled, M. Scott Peck (Touchstone, 1978)

The Rise of Theodore Roosevelt, Edmund Morris (Coward, McCann, 1979)

The Talent Code, Daniel Coyle (Bantam, 2009)

The Truth about Winning, Tom Veneziano (Veneziano Enterprises, 2001)

The Winning Spirit, Joe Montana (Ballantine, 2005)

The X Factor, George Plimpton (Whittle, 1990)

True North, Bill George (Wiley, 2007)

Unstoppable, Cynthia Kersey (Sourcebooks, 1998)

Wake Up and Live！, Dorothea Brande (1936)

What Makes the Great Great, Dennis Kimbro (Doubleday, 1995)

When Pride Still Mattered, David Maraniss (Touchstone, 1999)

159 页问题答案:

卡尔文·柯立芝的照片位于第三排左边。

欢迎继续阅读
本人的其他作品